30 horas

Nadiane Smaha Kruk

30 horas

Uma proposta revolucionária para equilíbrio
vida-trabalho e equidade de gênero

Sumário

Prefácio

Conheci Nadiane do jeito que a gente passou a conhecer muitas pessoas nesse mundo moderno: virtualmente. Início de ano, volta ao trabalho renovando todas as promessas que o réveillon nos apresenta e lá estava uma mensagem de uma doutora em engenharia, que tinha uma história pessoal incrível e queria apresentar seu trabalho para mim.

Mal sabia a autora desse livro que um dos meus propósitos para 2020 era ter uma vida mais equilibrada. Eu e mais quantas pessoas? Eu e mais quantas mulheres, profissionais e mães? Com tanta tecnologia a nosso dispor, é incrível que estejamos – na segunda década do século XXI – discutindo, ao mesmo tempo, a chegada da quarta revolução industrial e como dividir melhor o trabalho doméstico e de cuidado com as crianças. É espantoso que ainda tenhamos tantos entraves ao trabalho das mulheres – diferenças salariais, menor ritmo nas promoções dentro das empresas e das universidades, segregação ocupacional – após tantas conquistas.

Nadiane apresenta sua história aos poucos. Como escolheu sua profissão como engenheira civil, o caminho que a levou para o mestrado e o doutorado, este em uma das melhores escolas de engenharia do Brasil, o ITA. Lentamente, como acontece com grande parte das mulheres, ela apresenta aos leitores como a sua vida pessoal foi moldando suas escolhas profissionais e suas reflexões a respeito. A chegada do primeiro filho, da filha, a mudança para a Alemanha e os contrastes entre a vida no Brasil e em seu novo país. Países diferentes em muitos sentidos, mas iguais na dificuldade que, principalmente, as mulheres têm para prosseguir profissionalmente com a chegada dos filhos.

Podemos discutir se a melhor solução é uma semana de 30 horas para todas as pessoas. Mas é indiscutível que o tema é urgente. Metade da população – as mulheres – enfrenta o dilema da escolha entre trabalho e família e a outra metade – os homens – nos acompanha. É cada vez mais comum que os homens reivindiquem seus papeis como pais e vemos algumas empresas sendo pró-ativas em aumentar voluntariamente a licença paternidade. No Brasil, engatinham projetos de licenças parentais e de maior flexibilidade no trabalho para que homens e mulheres possam compartilhar tanto as louças na pia como os primeiros passos de seus filhos. Será que 30 horas por semana é realmente pouca dedicação para o mercado? Ou será que estamos tão acostumados com o *status quo* que temos dificuldade em pensar em uma forma diferente de cumprirmos nossos papeis sociais?

Convido vocês a embarcar na aventura que Nadiane nos conta e pensar seriamente sobre como podemos tornar a vida das famílias mais saudável. Sou grata pela oportunidade que ela me deu de pensar uma vez mais nesse tema e de abrir – com tanta serenidade – sua vida para discutirmos o caminho para a vida de tantas outras pessoas.

Regina Madalozzo, economista e mãe da Anouk.
Fevereiro, 2020.

Regina Madalozzo é Ph.D. em Economia pela Universidade de Illinois em Urbana-Champaign (Estados Unidos). É professora associada no Insper, onde trabalha desde 2002. Sua pesquisa se insere na área de economia do trabalho, mais especificamente dentro da perspectiva feminista do trabalho.

Apresentação

Depois da imagem que o feminismo passou para nós, mulheres, de que podemos tudo, uma pergunta que sempre surge é: como conseguimos conciliar nossos papéis de mulher, mãe e profissional? A resposta que temos vergonha de falar é: não conseguimos! Principalmente, no atual modelo de Sociedade em que vivemos. Nós, ou muitas de nós, lamentamos por não dar atenção suficiente aos nossos filhos; por não conseguir ser tão competitivas profissionalmente ou, até mesmo, por colocar nossa saúde em risco devido à carga extenuante de trabalho. Essa, entretanto, não é apenas uma preocupação das mulheres, mas de todas as pessoas dispostas a exercer uma parentalidade consciente e responsável ao mesmo tempo em que batalham para desempenhar suas atividades profissionais com excelência.

A conta não fecha e o tão sonhado equilíbrio vida-trabalho (work-life balance) passa a ser apenas uma falácia, principalmente para as mulheres que, em geral, ainda são responsáveis pela maior parte das tarefas domésticas, inclusive no cuidado com os filhos ou pais idosos. Os dias ficaram curtos! Mas como não é possível fazer com que os dias tenham 30 horas ou mais, o que fazer para conseguirmos conciliar vida profissional e pessoal? Qual o papel dos homens nessa dinâmica? E quanto àqueles que criam seus filhos sozinhos, como é possível dar conta de tudo?

Entre as soluções encontradas por algumas famílias, dentro de suas possibilidades e seu juízo de valor, podemos citar a redução da prole ou mesmo a abdicação do papel de pai ou mãe; a diminuição ou talvez a renúncia, por um dos cônjuges, do trabalho remunerado; a dependência da ajuda de familiares ou de vagas em creches públicas ou privadas; a contratação de serviços para as tarefas domésticas e/ou para o cuidado com os filhos, ou a tentativa de fazer tudo sem auxílio, reduzindo as horas de sono e momentos de lazer.

Como tudo na vida, pagamos o preço de nossas escolhas. Portanto, quais os desdobramentos dessas soluções para os indivíduos, para as famílias e para a Sociedade? Essas opções são, na realidade, economicamente sustentáveis e saudáveis?

Além da pressão dos trabalhos domésticos, as mulheres ainda se deparam com um mercado de trabalho machista, apesar de já terem mostrado o seu potencial por meio de excelente desempenho em suas atividades. Fiquei indignada ao ler o relatório sobre a Lacuna de Equidade de Gênero, de 2018, divulgado pelo Fórum Econômico Mundial de 2019[1]. De acordo com esse documento, serão necessários ainda 202 anos para que exista plena equivalência nas oportunidades econômicas (como por exemplo, os salários) entre homens e mulheres nos 106 países estudados desde a primeira edição do relatório. De acordo com a edição de 2020 desse Fórum[2], a falta de progresso nessa área ampliou a projeção de plena equivalência para 257 anos. O retrocesso se deu principalmente pela redução da participação de mulheres na força de trabalho e pelo aumento da lacuna de oportunidades. Se considerarmos os quatro eixos que compõem o índice geral de equidade[1] de gênero, ou seja, Educação, Economia, Política e Saúde, é apresentado que, com as taxas atuais de crescimento, a equidade deverá ser alcançada dentro de 54 anos na Europa Ocidental e 59 na América Latina.

No entanto, será que a forma como os empregos estão atualmente estruturados não favorece a lacuna de equidade de

---

[1] Faço aqui uma distinção entre os termos *igualdade* e *equidade*. Quando me refiro à equidade de gênero estou falando de justiça, de oportunidades equivalentes independentemente do gênero. A igualdade considero como sendo uma padronização, homogeneização, sem considerar a diversidade.

gênero? Você sabia que o feriado de 1º de maio foi instituído em homenagem a manifestantes mortos durante protestos que começaram no dia 1º de maio de 1886 a favor da limitação da jornada de trabalho para oito horas diárias nos Estados Unidos? É difícil aceitar que esse modelo adotado a duras penas, há mais de um século, ainda seja válido para os dias de hoje, em que o desenvolvimento tecnológico e a dinâmica urbana e social vêm sofrendo vertiginosas mudanças.

Depois de pedir licença do meu trabalho como professora de uma das escolas de engenharia mais renomadas do Brasil, para acompanhar o meu marido em seu trabalho na Alemanha, e de me deparar com uma realidade de trabalho e organização da Sociedade totalmente diferentes, comecei a me interrogar sobre questões que anteriormente não me tiravam o sono, principalmente, em relação à terceirização do cuidado com os filhos.

No Brasil, principalmente nas grandes cidades, é comum ambos os cônjuges trabalharem em tempo integral, sobrando pouco tempo para o convívio familiar. Algumas crianças ficam em creches ou sob cuidados de babás das 7 às 19h. As tarefas domésticas são aliviadas pela contratação de serviços, porém, essa nem sempre é uma opção economicamente viável para todos. Infelizmente tenho percebido a carga extenuante de trabalho (remunerado e/ou não) como uma das causas de esgotamento e adoecimento de muitos amigos e conhecidos, tornando-se o estopim de diversos conflitos familiares. Psicanalistas e pediatras têm apontado a falta de tempo de qualidade no convívio familiar como um dos responsáveis pelo crescente número de crianças com transtornos psicológicos.

Na Alemanha, em contrapartida, preza-se pelo acompanhamento de um dos cônjuges na educação dos filhos. É predominante, pelo menos nos Estados da antiga Alemanha Ocidental, a situação em que um dos cônjuges, geralmente a mulher, passe a ter um trabalho remunerado apenas em meio período, depois do nascimento dos filhos. Se por um lado a família é beneficiada, por outro, a carreira de quem passa a trabalhar em meio período fica bastante comprometida.

Dado esse contexto, exponho neste livro a minha trajetória e a minha experiência de mãe e profissional em tempo integral, no Brasil, e em tempo parcial, na Alemanha. Apresento os prós e contras de cada modelo e acrescento dados e fatos de outros países. Por considerar que, o choque cultural, para mim, foi importante para refletir e repensar alguns conceitos e valores, pretendo proporcionar aos leitores um olhar mais crítico quanto aos modelos que nos são, de certa forma, impostos pela Sociedade. Idealmente, gostaria de provocar na Sociedade debates e movimentos em prol de um bem-estar maior.

Sei que é difícil encontrar um modelo único e universal que promova um melhor equilíbrio entre vida profissional e pessoal, dadas às diferenças culturais e político-econômicas dos diversos países. Entretanto, apresento uma alternativa que tem se mostrado economicamente viável, principalmente se forem considerados os benefícios indiretos e de médio e longo prazo. O modelo proposto permite um melhor equilíbrio entre vida profissional e pessoal, propiciando um aumento na qualidade de vida, e por consequência, uma Sociedade mais saudável, o que acaba se refletindo em benefícios econômicos. A proposta permite, ainda, que pais exerçam seu papel de forma responsável e consciente, enquanto se esmeram para firmar o seu papel na Sociedade como bons profissionais. Como o tempo de convívio de qualidade entre pais e filhos tem se mostrado fundamental para o desenvolvimento da inteligência e do equilíbrio emocional de crianças e adolescentes, o modelo proposto pode influenciar positivamente nos rumos da nossa Sociedade e em sua sustentabilidade. A alternativa exposta se apresenta ainda como ponto-chave para a conquista da equidade de gênero.

1. E assim tudo começou...

Sou como você me vê.
Posso ser leve como uma brisa ou forte como uma ventania,
Depende de quando e como você me vê passar.

— Clarice Lispector

Nasci em 1977, em Curitiba, cidade que contava com aproximadamente um milhão de habitantes. Nessa época, o papel da mulher estava se redesenhando na Sociedade, pois a partir da legalização e disseminação do uso das pílulas contraceptivas na década de 60, as mulheres puderam ter o controle da própria fertilidade, investindo mais em sua educação e carreira profissional.

Entretanto, era raro para mim, ainda criança, deparar-me com mães de colegas que tivessem um trabalho remunerado. Minha mãe, por exemplo, mesmo tendo concluído o ensino secundário de magistério e ter atuado como professora quando solteira, optara, após o casamento e a chegada dos filhos, por trabalhar "apenas" em casa. Por sua natureza dinâmica e empreendedora, sempre atuava em negócios paralelos, como a venda de cosméticos e utensílios plásticos de cozinha. Meu pai, que também não possuía um diploma universitário, estava seguindo carreira como técnico em contabilidade em uma loja de materiais de construção da cidade.

Ao completar 7 anos de idade, meus pais se separaram. Isso aconteceu em uma época turbulenta na economia e na política brasileiras. O país estava passando por um período de hiperinflação. O movimento civil Diretas Já reivindicava eleições presidenciais diretas, as quais ocorreram em 1985, determinando o fim da Ditadura no Brasil. Minha mãe ficou com a guarda das três filhas; meu pai tinha sérios problemas com alcoolismo e não pagava pensão. Por esse motivo, passamos por sérias dificuldades financeiras. Minha mãe não tinha um emprego formal, mas com seu ímpeto empreendedor sempre encontrava um meio para o sustento familiar com as atividades que desenvolvia em casa, tais como, a confecção de meias de lã, gravatas de crochê e ainda a compra e venda de roupas usadas. Eu e minhas irmãs sempre ajudávamos na confecção e comercialização dos artigos.

Não tínhamos dinheiro para pagar escola particular, que a

princípio era melhor do que a pública. Apesar das dificuldades, o estudo era prioridade em nossa casa, era um momento inviolável, pois o sonho de minha mãe era de que nós três pudéssemos completar o ensino superior para que tivéssemos sucesso e independência financeira.

Desde os meus primeiros anos escolares, o meu desempenho foi um dos melhores. De fato, creio que naquela época eu não tinha consciência de que os estudos poderiam me proporcionar uma boa condição financeira no futuro; apenas tinha um forte senso de responsabilidade que não me permitia ir a uma prova sem o domínio da matéria. Assim, para assimilar os conteúdos, havia da minha parte bastante esforço e dedicação.

Agora, olhando para trás, e ao relembrar as conversas com minhas amigas e colegas, concluo que todas nós éramos incentivadas a estudar e a buscar uma carreira profissional, embora a maioria de nossas mães ainda estivesse em casa, exercendo atividades domésticas. Não era incomum entre nós quem não soubesse cozinhar, fato que, de certa forma, era até exposto com orgulho. Definitivamente, não estávamos sendo preparadas para sermos somente donas de casa.

Concluí o ensino secundário como a melhor aluna do curso e consegui passar no vestibular em uma faculdade pública, no curso de Engenharia Civil. Ao contrário do que acontecia no Ensino Fundamental e Médio, as faculdades públicas eram consideradas melhores do que as privadas, e eram as mais concorridas. Apesar de a Engenharia ser um curso atípico para mulheres, a nossa turma era equilibrada, com aproximadamente 40% de mulheres. Na época de graduação, tive a oportunidade de fazer diversos estágios e de trabalhar com pesquisa científica. No primeiro estágio, parte do meu trabalho foi realizado em obras, onde o ambiente era quase 100% masculino. Sentia-me um pouco como um peixe fora d'água, talvez pelos olhares curiosos e até mesmo surpresos dos demais colegas de empresa. Na tentativa de projetar minha carreira na engenharia civil, pude observar a tradicional disputa de poder entre a teoria dos engenheiros recém-formados e prática dos experientes mestres de obras, como uma barreira maior que a resultante do fato de ser uma mulher num ambiente predominantemente masculino. Ao avaliar custos, benefícios e o meu viés acadêmico, decidi que não seria esse o meu futuro profissional. Na área de projetos, os desafios foram mais ao encontro das minhas expectativas. Embora um bom projetista tenha geralmente experiência prática, trabalhar com cálculos me agradava mais do que o trabalho de gerenciamento em obras.

No terceiro ano de engenharia, surgiu a oportunidade de fazer um intercâmbio acadêmico de um ano na Alemanha. A seleção a nível nacional foi feita em três etapas. Na primeira, foi feita uma análise documental de currículo, em que os alunos deveriam apresentar excelência acadêmica. Na segunda, foram aplicadas provas objetivas de Cálculo, Física e Conhecimentos Gerais (em língua inglesa) e uma prova discursiva, que constava de uma redação. Na terceira e última etapa foi realizada uma entrevista. Os selecionados teriam as passagens aéreas pagas, bem como uma bolsa de estudos por 13 meses, que cobriria todos os custos da estadia. Para mim, era uma oportunidade única, pois sem esses benefícios, pagando por conta própria, eu não teria condições. Até então só tinha viajado uma vez de avião, na viagem de formatura do ensino secundário, e eu nunca estivera no exterior.

Eu consegui! Passei na seleção e fui estudar por um ano na Universidade Técnica de Berlim. Dos 10 aprovados para o intercâmbio em Berlim, eu era a única mulher. Nas aulas da universidade, também, a maioria dos estudantes eram homens, assim como todos os docentes das disciplinas que escolhi. Já no Brasil, tive algumas professoras em certas disciplinas, como Física, Estatística e Estruturas de Madeiras. Durante as férias de verão, tive ainda a oportunidade de fazer um estágio por dois meses. No segundo semestre letivo, em cooperação com uma empresa de cálculo estrutural em Berlim, participei da elaboração de alguns projetos. Embora a maioria dos colegas de trabalho fossem homens, não me sentia em desvantagem por ser mulher.

Voltei ao Brasil para finalizar o curso de graduação e nesse tempo, em paralelo às aulas na universidade, fiz um estágio na área de projetos de infraestrutura urbana. Mesmo como estagiária, desempenhei um papel importante na elaboração dos projetos tendo, inclusive, que participar de viagens para levantamento de dados em campo e de treinamento. Vivenciei nessa ocasião a pressão e a necessidade de realização de horas extras quando o prazo de entrega de um projeto estava por ser atingido.

Finalizei meu curso de graduação com o melhor desempenho acadêmico da turma. Aliás, para aqueles que acreditam que as mulheres não desempenham tão bem no campo das exatas, as três primeiras colocadas eram mulheres!

Depois que me formei, decidi retornar às pesquisas acadêmicas, ingressando em um curso de mestrado em Métodos Numéricos em Engenharia. Essa decisão foi tomada não somente pelo meu prazer de estudar, mas também inspirada por uma engenheira que conheci durante o meu estágio. Apesar de ela ter alcançado proeminência profissional e se apresentar como uma pessoa forte e resolvida, confessara-me que fazia terapia para tentar aliviar sua culpa por não participar tanto da vida dos seus filhos.

Assim, decidi que buscaria para a minha carreira profissional algo que me proporcionasse um melhor equilíbrio entre família e carreira. Eu via a área acadêmica como uma oportunidade para isso.

Nessa época, conheci aquele que viria a ser o meu marido, o qual não teve influência nessa minha decisão de retornar às pesquisas, uma vez que ela já havia sido tomada.

Comecei meu mestrado em Curitiba e o meu marido, na época namorado, iniciou o dele em São José dos Campos, a 500 km de distância. Foram dois anos nesse relacionamento, com encontros a cada 15 dias, em média. Finalizei o mestrado e decidi fazer um doutorado. Nesse momento, minha mãe, que até então havia batalhado pela minha formação, porém não entendia direito o propósito de um mestrado ou doutorado, estava angustiada. Apesar de eu já estar recebendo bolsa de estudos e de garantir meu próprio sustento, ela me questionava quando eu iria, enfim, parar de estudar e começar a trabalhar.

Optei por fazer meu doutorado na mesma cidade em que o meu marido conseguira um trabalho, para finalmente podermos ficar juntos. Embora a instituição de ensino fosse uma das melhores em engenharia do país, não era um centro de referência na área de recursos hídricos, na qual eu queria seguir carreira. Entretanto, naquele momento concluí que seria importante também ponderar o lado pessoal, pois, no meu entendimento, para se constituir uma família, o convívio era fundamental.

2. A chegada dos filhos

Para Sempre

Por que Deus permite
Que as mães vão-se embora?
Mãe não tem limite
É tempo sem hora
Luz que não apaga
Quando sopra o vento
E chuva desaba
Veludo escondido
Na pele enrugada
Água pura, ar puro
Puro pensamento
Morrer acontece
Com o que é breve e passa
Sem deixar vestígio
Mãe, na sua graça
É eternidade
Por que Deus se lembra
- Mistério profundo -
De tirá-la um dia?
Fosse eu rei do mundo
Baixava uma lei:
Mãe não morre nunca
Mãe ficará sempre
Junto de seu filho
E ele, velho embora
Será pequenino
Feito grão de milho

— Carlos Drummond de Andrade

A feminista francesa, filósofa e autora de bestsellers Elisabeth Badinter cita no seu livro O conflito: a mulher e a mãe[3] que a maternidade, bem ou mal, ainda continua sendo algo desconhecido. Muitas futuras mamães sonham somente com amor e felicidade, mas se esquecem do outro lado da moeda: esgotamento, frustração, solidão, bem como sentimento de culpa, que foi exatamente o que aconteceu comigo. Não quero desencorajar as mulheres a terem filhos, mas, sim, expor as dificuldades para que o trabalho de criar e educar os filhos seja reconhecido e valorizado.

Tenho certeza que muitas pessoas passaram e passarão por muito mais dificuldades do que eu, tanto por algum problema grave de saúde, quanto por dificuldades financeiras. E eu sinto muito por isso, pois mesmo tendo condições privilegiadas, os desafios enfrentados com a chegada dos nossos filhos foram grandes.

No quarto ano do meu doutorado, já vislumbrando dentro de alguns meses a sua conclusão, eu e meu marido decidimos que a família poderia aumentar. Pelo que eu vivenciara na academia, era comum que alunas de pós-graduação engravidassem, principalmente pela idade em que elas se encontravam. Isso, geralmente, atrasava o desenvolvimento de suas teses, o que comprometia o término do curso dentro do prazo estipulado. Tal situação acaba gerando, algumas vezes, uma certa tensão entre orientador e orientada, sobretudo quando o trabalho da tese fazia parte de uma pesquisa mais ampla. Por se tratar de produção de conhecimento altamente especializado, o remanejamento de trabalho tornava-se bastante difícil. Conciliar carreira e família na área acadêmica também tinha e ainda tem as suas dificuldades. Nesse aspecto, tive a felicidade de ter uma orientadora compreensiva, que me apoiou.

O planejado era de que, até o final da minha gestação, eu conseguiria concluir a minha pesquisa e fazer a defesa do meu trabalho. Porém, alguns percalços na aquisição de dados atrasaram a minha programação. A finalização teria que ficar para depois do nascimento do nosso filho. Achei que não teria problema algum em obter os dados que faltavam logo depois do nascimento e trabalhá-los para então dar o fechamento à tese, afinal, pelo que eu lia nos livros e acontecera com minhas irmãs, crianças recém-nascidas dormem em média de 15 a 17 horas por dia até completarem 3 meses de idade.

Apesar do estresse natural do doutorado, tive uma gravidez tranquila, pois adotei os procedimentos adequados, conforme manda a cartilha: alimentação saudável, música clássica, natação e leitura de muitos livros sobre bebês e criação de filhos.

Peter nasceu em abril de 2008. O seu nascimento foi realmente um momento mágico. Por mais que eu tivesse lido e presenciado a experiência de outras mães, somente passando por isso é que eu pude perceber a dimensão dos sentimentos envolvidos.

A emoção de segurar meu filho nos braços pela primeira vez, de ver o seu rostinho e de amamentá-lo foi realmente ímpar, uma explosão de felicidade.

Ele nasceu à 1h da madruga e depois de todos os procedimentos médicos foi levado para o berçário. Quando saí da sala de parto e fui para o quarto, eu e meu marido fomos ver o nosso primogênito no berçário. Lá chegando, dentre uns 10 ou 12 recém-nascidos, o nosso filho era o único que não parava de chorar. Como tínhamos a opção de levá-lo para o nosso quarto, assim o fizemos. Afinal, não queríamos deixá-lo lá, chorando e desamparado. Ao chegar no quarto, seguimos os passos da cartilha:

- ✓ verificar se a fralda está suja;
- ✓ verificar se o bebê não tem febre;
- ✓ verificar se o bebê está com roupas suficientes;
- ✓ oferecer o peito;
- ✓ colocar para arrotar;
- ✓ confortá-lo no colo e tentar acalmá-lo.

Passamos por todas as etapas e nada fazia com que o bebê parasse de chorar! Segundo os pediatras, uma vez que o diagnóstico médico do bebê o dava como saudável, ou havia algo de errado comigo, ou com todos aqueles livros que eu havia lido. Muitos diziam que só em escutar a voz da mãe os bebês se acalmam e param de chorar. Outros, que a mãe sabe exatamente identificar a causa do choro do seu filho. Eu não conseguia... eis que tive minha primeira frustração como mãe.

Chegou a vez de o pai tentar acalmá-lo. Com a maior paciência do mundo, aconchegou a criança em seus braços e embalou-o, andando de um lado para o outro do quarto. Também não adiantou. E assim foi a madrugada inteira. Lá pelas 9 horas da manhã, nós três já exaustos, caímos no sono. Algumas horas depois, o choro recomeçou.

No dia seguinte tivemos alta e fomos para casa. Ainda me lembro da imagem de Peter pequenino, deitado no bebê-conforto, dormindo. Chegamos em casa, onde tudo estava preparado para a chegada do pequeno! Mas enquanto ele estava acordado, o choro continuava. Naquele mesmo dia, à noite, recebemos reforço: meus sogros chegaram para nos visitar e conhecer o neto. Ufa! Alguém experiente para ajudar! Eis que minha sogra entra em cena e, depois de verificar todas as necessidades básicas do bebê, tentou confortá-lo em diversas posições. O choro cessava por alguns momentos, mas depois recomeçava. De fato, ficávamos revezando na tentativa de acalmar o bebê, mas sem muito sucesso.

Passada uma semana, meus sogros tiveram que retornar aos seus afazeres, meu marido teve que voltar à rotina de trabalho e, então, uma tia muito querida foi me ajudar. Por ter sido a filha mais nova dentre nove irmãos, e ter ajudado a cuidar de muitos sobrinhos, além dos seus próprios filhos, tinha muita experiência com bebês. Todas as hipóteses foram levantadas novamente: é frio, é fome, é dor... Chegamos à conclusão de que ele não estava conseguindo mamar direito, apesar das medidas de peso feitas pelo acompanhamento médico estarem dentro da normalidade. Fomos então para um centro de apoio às lactantes, Projeto Casulo, em São José dos Campos. Ao contrário do que muitos falam, amamentar não é algo simples e automático, e a ajuda desse centro foi fundamental para mim. Apesar de produzir muito, o leite não fluía com facilidade e o bebê tinha que fazer muita força para sugar. Como ele ainda era muito novo e não tinha muita força, acabava cansando e dormindo no meio do processo. Aprendi algumas técnicas que faziam o leite fluir mais facilmente, como manter o bebê acordado e as posições mais adequadas para amamentar. Ufa! Enfim uma esperança de que tudo ia se resolver! Realmente, depois dessa assistência, Peter passou a mamar muito mais, mas o choro continuava. Na consulta de um mês de idade, constatou-se que ele regurgitava muito, mais do que o normal e então começamos a ministrar-lhe medicamentos de refluxo. Agora daria certo! Achamos a causa do choro! Que nada... o choro continuava...

Lembro-me do primeiro Dia das Mães. Queríamos almoçar fora para comemorar a data, mas estávamos tensos só de pensar como poderia ser o almoço no restaurante com o bebê chorando o tempo todo. Não era essa a imagem que eu via nos comerciais da televisão e nos filmes. Algo estava errado! Resolvemos arriscar e naquele dia Peter decidiu dormir por uma hora, tempo em que conseguimos almoçar tranquilamente. Ufa!

Lembro-me de que, assistindo a um jornal televisivo na época, embrenhado com todo aquele apelo que movimenta o comércio no Brasil em véspera do Dia das Mães, uma mãe que passeava no shopping com seu filho no colo foi entrevistada e questionada sobre qual o presente que ela gostaria de receber naquele fim de semana. Ela respondeu com a maior sinceridade do mundo: uma noite inteira de sono, sem interrupção! Foi empatia total! Entendi perfeitamente o desejo daquela mulher!

Troquei duas vezes de pediatra, mas também não adiantou. Quando Peter completou 2 meses de idade, já exausta e no meu limite, meu marido e eu resolvemos contratar uma senhora para nos ajudar com os cuidados do bebê para que eu pudesse retomar o processamento dos resultados da minha pesquisa e dar o fechamento à tese. As contas ficaram apertadas, mas foi a solução que encontramos, pois até então, eu não havia conseguido fazer nada do doutorado. Contratamos uma senhora muito carinhosa e atenciosa com o bebê. Ela também me ajudava nos serviços da casa e, nos intervalos da amamentação, eu conseguia ficar no quarto trabalhando na tese. Difícil era me concentrar quando o bebê estava chorando, pois eu acabava sempre dando uma escapadinha do trabalho para tentar confortá-lo.

Faço aqui uma observação: contratar uma pessoa nem sempre é possível em muitos outros países, em que o custo de se ter uma funcionária em casa é muito alto, em relação ao salário de uma pessoa de classe média. Para o ano de 2019, por exemplo, o piso salarial de empregada doméstica no Estado de São Paulo era de R$ 1.163,55[4] mensais, e o de Engenheiro Eletrônico, também para o Estado de São Paulo era de 9 salários mínimos, ou seja, R$ 8.982,00[5], quase 8 vezes a mais que o da empregada doméstica. No caso da Alemanha, o salário mínimo, que é o que se costuma pagar para o pessoal de limpeza, para 2019 era de 9,19 € por hora, ou 1.597,31 € por mês (40 horas por semana). O salário médio de um engenheiro eletrônico júnior era de 4.129,67 €[6], portanto, apenas 2,6 vezes maior do que o mínimo. Todos os valores apresentados referem-se aos salários brutos, sem os impostos pagos pelo empregador. Vale a pena ressaltar, que ter a opção de contratar uma funcionária ou poder colocar os filhos em uma creche não significa que todos os problemas estarão solucionados. Essas alternativas também são acompanhadas de obstáculos, conforme veremos mais adiante.

Como morávamos em apartamento, pedia para a nossa ajudante passear no andar térreo com o Peter para distraí-lo e tomar um pouco de sol. Percebia que ela não ficava muito tempo ausente. Um dia ela me confessou que tinha vergonha de descer com ele, pois ele ficava chorando e ela tinha receio de que as outros moradores pensassem que ela não estava cuidando bem do bebê ou mesmo que o estava maltratando. Ela também tinha os seus palpites sobre as possíveis causas do choro incessante. Aliás, todo mundo tem! Até mesmo pessoas que encontramos na rua e nunca vimos! Na verdade, para a nossa ajudante o Peter tinha fome; na opinião dela, eu deveria dar um complemento alimentar e não ficar com a amamentação exclusiva do peito, apesar das curvas de crescimento e peso estarem ótimas. Já cansada e aberta a qualquer coisa que pudesse minimizar aquele estresse, comprei uma mamadeira e o leite infantil. Ao oferecer ao bebê, ele sequer aceitou o preparado. Não, definitivamente não era fome!

Em meio a esse estresse, eu e meu marido começamos a viver nossos primeiros conflitos. Discordávamos da maneira de como deveríamos agir com a criança. Até então, cada um tinha seus afazeres, e pouco interferíamos nas ocupações um do outro. No entanto, com o filho era diferente; ambos tínhamos direito sobre a criança e queríamos decidir o que era melhor para ela. Estressados pela privação de sono e com o choro incessante, as discussões aumentaram.

Lembro-me de que nessa época escrevi um e-mail para umas amigas mais próximas, desabafando sobre toda a frustração e tristeza que eu estava sentindo. Quando planejamos um filho, construímos uma imagem pura e ideal, apenas com momentos de felicidade. Mas eu me sentia incompetente por não conseguir atender às necessidades do meu filho; frustrada, por ter aumentado as discussões dentro de casa e, além de tudo, exausta.

No meio desses desabafos, uma amiga, que teve um bebê um mês após o Peter nascer, revelou suas frustrações e sentimento de culpa por não ter leite suficiente para amamentar e, por ter que fazer uso de fórmulas.

Se você que foi mãe ou pai e não passou por nenhuma

dificuldade, meus sinceros cumprimentos! Conversei com muitas mães e amigas, e cada uma tinha a sua história de dificuldades. E claro, muitas histórias de felicidade!

———

Fico me perguntando como muitas mães nos Estados Unidos fazem para conciliar trabalho e maternidade, já que lá não há licença-maternidade remunerada garantida por lei. Algumas empresas oferecem esse benefício mas, muitas vezes, ele não é usufruído, pois as funcionárias sentem-se em desvantagem competitiva e correm o risco de serem demitidas a qualquer momento. Para mim, é inconcebível que as mulheres tenham que voltar ao trabalho dias após o parto, pelo fato de não poder usufruir de uma licença remunerada. Muitas não têm condições físicas e psicológicas para tal! Sobre esse assunto, existe uma palestra surpreendente de Jessica Shortall disponível na internet (TED talks), na qual ela apresenta a realidade de mães trabalhadoras nos EUA[7]. Ainda, fico imaginando se eu estivesse passando por todas essas turbulências que passei e, além disso, estivesse trabalhando em tempo integral. Tenho consciência de que, infelizmente, essa é uma realidade enfrentada por muitas mulheres.

Além do cansaço físico e emocional, existe a questão da amamentação. A Organização Mundial da Saúde (OMS) recomenda o aleitamento materno como forma exclusiva de amamentação do recém-nascido até os 6 meses de idade. Como é possível fazer isso quando se está trabalhando? Retirar o leite e estocar para poder dar ao bebê com mamadeiras? E quanto às mães que estão no trabalho? A produção de leite é contínua e acompanha o ritmo dos bebês, que demandam o peito a cada 2 ou 3 horas. Devem ir ao banheiro a cada 2 ou 3 horas para esgotar o leite do peito? Muitas mães acabam optando por encerrar a amamentação e pela introdução das fórmulas infantis.

Quando Peter estava com quase 6 meses de idade, cheguei ao meu limite. Em uma semana passei em 4 pediatras diferentes e até mesmo num neurologista, para ver se alguém descobria porque aquele menino chorava tanto. Todos foram bastante evasivos nos diagnósticos, exceto uma pediatra que falou que ele chorava de dor, provocada pela irritação dos tecidos do esôfago, pela presença de suco gástrico decorrente do refluxo. Mesmo após ele ter sido medicado, as regurgitações ainda ocorriam. Nessa época, aceitei as explicações com certo alívio, porque enfim era um diagnóstico coerente. O refluxo deveria diminuir por volta dos 6 meses de idade, com a introdução de comidas sólidas e pelo fato de o bebê já ficar mais tempo na posição sentada. Realmente, depois de completar 6 meses os choros diminuíram. Posso dizer que eles se normalizaram quando ele tinha por volta de 1 ano de idade, época em que pudemos parar de ministrar o remédio de refluxo.

No meio desses percalços, seguia com o meu trabalho de doutorado. Quando meu filho estava com 7 meses de idade, consegui defender com sucesso a minha tese. A partir daí, mantivemos a nossa ajudante em casa para eu me dedicar aos estudos e prestar concursos públicos. Havia no Instituto em que concluí meu doutorado, já há alguns anos, rumores de que conseguiriam abrir concurso público para o cargo de professores, inclusive para a área de recursos hídricos, que era para a qual eu havia me dedicado até aquele momento. Esse era o meu sonho profissional, mas teria que passar na seleção! Prestei outro concurso para um órgão governamental de controle e licenciamento ambiental e fui aprovada, mas era para o cadastro de reserva e não havia uma previsão de quando iriam convocar os candidatos aprovados.

———

Quando nosso primogênito estava para completar um ano,

começamos a discutir a possibilidade de aumentar a família. Eu sempre quis ter dois filhos. Meu marido, que antes nunca pensara em ter filhos estava muito feliz com a paternidade. Sim, tivemos momentos muito felizes nesse primeiro ano! As primeiras palavras, os primeiros passinhos, e todas aquelas conquistas de um desenvolvimento vertiginoso!

Dizem que temos a sensação de que a vida passa muito mais rápido quando fazemos sempre as mesmas coisas. Isso não ocorreu naquele primeiro ano do nosso filho, pois foram tantas as coisas novas e tantas descobertas, que o ano passou em câmera lenta.

Para mim, a maternidade foi uma potencialização de sentimentos e emoções; tanto positivos, quanto negativos. Sentia um amor como jamais sentira antes, mas também medo, preocupação e dor como nunca. A dor e preocupação de ver um filho doente ou passando por alguma dificuldade é tão grande que nos proporíamos a ficar no lugar deles, se fosse possível. O medo é o de falha ou de não estar agindo da forma mais certa naquele momento. Colocando na balança, acredito, sim, que para nós valeu a pena encarar esse desafio. Assim, independentemente de nos meses anteriores eu nem cogitar a ideia de ter um segundo filho, devido às dificuldades enfrentadas, decidimos aumentar a família. Ainda não tínhamos certeza da minha carreira profissional e nem uma folga grande nas finanças, mas acreditávamos que ter os filhos com idades próximas seria melhor para eles e para a gente. Quando Peter estava com 1 ano de idade, descobri que estava grávida novamente.

Um pouco depois saiu o edital do concurso público para o cargo de professor, na instituição em que eu havia concluído meu doutorado. A vaga seria para tempo integral, como praticamente todas as vagas para professores do magistério superior em universidades públicas. Eu e meu marido havíamos discutido pouco sobre a questão de conflitos de carreira profissional e cuidado com os filhos. Eu via sempre como uma situação ideal um emprego em tempo parcial com a possibilidade de me dedicar a eles no restante do dia. Para o período em que eu estivesse trabalhando, poderíamos contar com a enorme oferta de creches particulares disponíveis na cidade ou com a ajuda da senhora que trabalhava conosco. Porém, no Brasil, a oferta de trabalho em período parcial é bastante restrita, excetuando-se algumas profissões como, por exemplo, professor de nível primário. Para comparar, de acordo com o relatório sobre Lacuna de Equidade de Gênero, divulgado pelo Fórum Econômico Mundial de 2020, no Brasil, em 2018 e 2019, 35,5% das mulheres que estavam empregadas trabalhavam menos do que 35 horas por semana, contra 21% dos homens. Na Alemanha, essa porcentagem era de aproximadamente 57,5% para mulheres e 26,3% para os homens. Percebe-se que a porcentagem de mulheres que trabalham em tempo parcial na Alemanha é muito maior do que no Brasil.

Eis que surgiu o inesperado. A senhora que trabalhava conosco partiu deste mundo, deixando boas lembranças e muitas saudades. Foi um momento de grande tristeza para todos nós, pois ela era uma pessoa muito querida, simples e otimista, "pra frente", como ela mesmo falava sempre alegre e bem-disposta. Com a minha ajuda, no tempo em que trabalhou em nossa casa, aprendeu a ler e escrever e estava feliz por não precisar mais pedir ajuda no ponto de ônibus para saber se a condução que estava vindo era a que ela tinha que pegar. Triste realidade do Brasil, o analfabetismo.

Decidimos, então, colocar o Peter em uma creche particular, em meio período, para que eu pudesse me dedicar à preparação para o concurso. A adaptação dele na creche foi muito boa. Via como grande vantagem a possibilidade de ele brincar com outras crianças, num ambiente apropriado para elas e com atividades elaboradas por educadoras especializadas. Em contrapartida, na creche a criança não tem a atenção exclusiva dos funcionários e nem um apoio afetivo completo.

A opção pela creche particular foi possível devido à vasta oferta desse serviço no Brasil, pelo menos nas grandes cidades. A oferta de creches com preços acessíveis pode ser um fator decisivo no ingresso ou retorno das mulheres ao mercado de trabalho. A variedade de serviços oferecidos pelas creches e os preços cobrados são bastante diversos. Em algumas creches não há disponibilidade de vagas, quer seja pela oferta de um preço mais baixo, quer seja pela disponibilidade de um serviço diferenciado. O custo para uma criança em período parcial, em uma cidade como São José dos Campos (com população estimada para 2018 de aproximadamente 700.000 habitantes), é em média de 1 salário mínimo (em 2019, R$ 998,00[8]), e para tempo integral, 2 salários mínimos. As creches públicas e gratuitas têm uma oferta muito restrita de vagas, uma lista de espera que pode demorar meses ou até mesmo anos, e priorizam o atendimento às famílias com as menores rendas per capita. Ou seja, para as famílias de classe média, a creche pública deixa de ser uma opção. Para se deixar os filhos em creches particulares, tal opção somente será economicamente vantajosa - principalmente quando se tem mais de um filho -, se ambos os cônjuges tiverem um emprego bem remunerado.

Nas creches, o contato com outras crianças fomenta a sociabilidade, mas proporciona também a troca de vírus e bactérias. Logo após uma semana da iniciação na creche, Peter trouxe para casa a primeira virose, acompanhada da primeira febre. A cada 15 dias, aproximadamente, aparecia uma nova espécie de enfermidade. Enquanto a criança apresentar sintomas, deve-se ausentá-la da creche. Para mim, que estava estudando em casa e com certa flexibilidade, isso não se apresentava como um problema. Os pediatras dizem que a recorrência de viroses e enfermidades em crianças que frequentam creches é bastante normal e permanece até que elas completem 3 anos de idade aproximadamente, quando o corpo produz anticorpos suficientes para se proteger. Costumam dizer que é bom para as crianças criarem imunidade.

Enfim, chegou o dia do concurso para professora do Instituto Tecnológico de Aeronáutica (ITA). O cargo seria ocupado pelo candidato ou candidata que obtivesse o maior número de pontos em três etapas, a saber, prova escrita, prova didática e soma de títulos e publicações. Além disso, haveria uma entrevista eliminatória. Estava deveras insegura, com medo que a minha gravidez pudesse pesar contra mim na hora da decisão. Na entrevista, embora seja ilegal[II], foi me perguntado se pretendia ter mais filhos. Respondi que queria ter mais um, mas não disse que estava grávida. Essa pergunta seria feita caso eu fosse homem? Muito provavelmente, não!

Pouco tempo depois, em junho de 2009, saiu o resultado: passei no concurso para o cargo de professora em uma das melhores escolas de engenharia do Brasil! Foi um dia muito especial para mim! Um sonho que havia se realizado, e para o qual eu tinha me preparado a vida inteira! Porém, a questão da minha gravidez ainda me preocupava e fui conversar com um dos membros da banca do meu concurso, com o qual eu tinha mais proximidade. Ele recebeu a notícia com alegria e eu fui por ele acolhida. Fiquei mais aliviada. Fui encaminhada para fazer os exames de saúde admissionais e lá comuniquei sobre a minha gravidez. Em meados de julho de 2009 saiu o resultado da perícia médica: candidata temporariamente incapaz por 180 dias. Isso significava que eu não poderia tomar posse do cargo, pois eu não seria capaz de assumi-lo, pelo simples fato de estar grávida. Fiquei indignada com a decisão e resolvi recorrer, por esta ter sido, acima de tudo, uma decisão fora da legalidade. Um dos diretores da instituição revogou o parecer médico e eu pude tomar posse do cargo, quase dois meses depois

---

[II]   A Lei 9.029/95 proíbe a exigência de atestados de gravidez e esterilização, e outras práticas discriminatórias, para efeitos admissionais. A candidata pode, inclusive, processar a empresa se conseguir provar que não foi contratada devido à gravidez.

do que os meus colegas professores que haviam passado no mesmo concurso para outras vagas. No departamento de Engenharia Civil fui muito bem acolhida por todos os colegas.

3. Ser mãe e profissional em tempo integral no Brasil

Com o início da minha carreira como professora, meu filho, com um ano e meio de idade, passou a frequentar a creche das 7h30 às 17h30, uma vez que o meu marido também trabalhava em tempo integral. As creches nas grandes cidades do Brasil oferecem para os pais que trabalham em tempo integral, e que muitas vezes são prejudicados com a morosidade do trânsito intenso, a possibilidade de acolher as crianças das 7h às 19h. Nesse aspecto, todavia, eu me sentia privilegiada.

A base militar em que o ITA se localiza dispõe de uma creche gratuita para atender aos filhos dos funcionários civis e militares. Em função da alta demanda na época, não havia vaga para o nosso filho e ele foi colocado, então, na lista de espera.

A minha gravidez foi novamente muito tranquila, apesar dos enjoos que me acompanharam até o parto. Como comecei a trabalhar no meio do semestre letivo, não assumi na época nenhuma disciplina, mas comecei a preparar o material que usaria para as aulas.

Foram três meses até o recesso do ano novo e o nascimento de Sofia, em 4 de janeiro. Transcorreu tudo bem no parto, e ela era um bebê muito calminho. Eu até estranhava o fato dela dormir tanto. Pela minha experiência anterior, crianças não dormiam tranquilamente! Porém, no dia seguinte ao nascimento, observou-se que ela estava com uma cor alaranjada e, após fazer exame de sangue, constatou-se que ela estava com níveis altíssimos de bilirrubina, que não baixavam. Ela teve que permanecer internada por uma semana e eu fiquei como acompanhante. Nos cinco primeiros dias, Peter ficou sob os cuidados do meu marido, que estava usufruindo a licença-paternidade. Depois disso, pudemos contar com a ajuda da minha mãe.

Enfim, fomos para casa e tudo parecia entrar nos eixos. Peter continuava frequentando a creche, para não alterar mais ainda a sua rotina. Com 15 dias de idade, Sofia começou a apresentar coriza e nariz entupido, sintomas do resfriado que o irmão apresentara alguns dias antes. Como ela não apresentou febre, eu não estava muito preocupada. Porém, resolvi passar no hospital para que ela pudesse ser examinada. Para a minha surpresa, a médica disse que ela precisava ficar internada para tomar antibiótico na veia, pois era muito nova e o seu organismo ainda não tinha anticorpos suficientes. Fazia uma semana que havíamos deixado o hospital!

Minha tristeza era imensa. Liguei para o meu marido pegar o Peter na creche e levar algumas roupas para nós no hospital. Ficamos novamente internadas por 4 dias. Voltamos para casa, mas ela deveria continuar as sessões de fisioterapia para soltar o catarro e aprender a tossir. Sim! Com 20 dias de idade ela ainda não sabia tossir! Uma fisioterapeuta do hospital muito atenciosa podia prestar esse serviço em nosso próprio domicílio e resolvemos contratá-la. Em um dos dias de fisioterapia, ligaram da escolinha do meu filho dizendo que ele estava com febre e que eu deveria buscá-lo. Perdi o chão novamente. Estava sem o carro e Sofia ainda estava em recuperação. Mas sabe quando Deus manda anjos para nos ajudar? A fisioterapeuta disse que nos levava. E mais, ela ligou para o pediatra das nossas crianças, que era conhecido dela, pedindo para que ele nos atendesse. Ela passou na escolinha, levou-nos para o pediatra, ficou esperando, passou ainda no ITA para que eu pudesse entregar a certidão de nascimento da Sofia, para a homologação da minha licença-maternidade, e ainda nos levou para casa! Espero que ela saiba o quanto eu sou grata, até hoje, por esse imenso favor.

O diagnóstico foi estomatite, doença comum na primeira infância em crianças que frequentam creches. Fiquei temerosa de que Sofia pegasse essa virose também, mas o pediatra falou que a probabilidade era baixa. E de fato ela não pegou.

Alguns dias depois, uma nova surpresa, eu estava com febre! Ajeitei-me e fui para o hospital. As crianças ficaram com o meu marido em casa. Em horas como essas, sentia saudades do tempo em que éramos apenas nós dois e, quando eu ficava doente, era paparicada e se preciso, levada para o hospital. Com crianças pequenas, isso não existe mais, principalmente quando não se tem família por perto para poder ajudar. Enfim, na sala de espera do pronto-socorro, já aflita por saber que em breve chegaria a hora de amamentar, sucumbi em tristeza. Fui atendida e uma amigdalite foi diagnosticada. As lágrimas corriam pelo meu rosto. A médica, compassiva com a minha expressão de tristeza, procurou me consolar, falando que a amigdalite não era grave e que um simples antibiótico resolveria. Na verdade, a sequência de episódios e a farmácia em que se transformara a minha casa foram os motivos daquela tristeza.

Depois de superar esses desafios iniciais, conseguimos estabelecer uma rotina em casa. As crianças estavam se desenvolvendo normalmente e a felicidade reinava novamente entre nós. Mais uma vez, e se fosse nos Estados Unidos, sem licença-maternidade, como conseguiria passar por toda essa turbulência trabalhando? Por ser uma funcionária pública, eu tinha direito a 6 meses de licença-maternidade.

Na iniciativa privada, no Brasil, as mães têm direito a apenas 4 meses. Muitas, que não conseguem trabalhar até o final da gestação, acabam antecipando esse tempo, e os bebês, com apenas 3 meses de idade, têm que começar a frequentar uma creche ou ficar sob os cuidados de outrem, seja um parente, ou uma funcionária. Várias vacinas são dadas aos bebês com 4 meses de idade, ou seja, aos 3 meses o bebê não tem muitos anticorpos necessários para se proteger de doenças. Além disso, como mostram muitos estudos, só a partir dos 4 meses o bebê começa a reconhecer a mãe tátil e visualmente como uma parceira na simbiose e não como parte de seu corpo. Quais os danos psicológicos de uma precoce separação? Segundo alguns pesquisadores[9], se a simbiose não possibilitar o desenvolvimento da confiança básica, o bebê, ao ver outros adultos que não a mãe, poderá sofrer ansiedade aguda com relação a estranhos. Esse, entretanto, é um assunto controverso no meio acadêmico. Em 2018, a professora Kathleen McGinn da *Harvard Business School* publicou um estudo[10] em que afirma que os filhos de mães que possuem um trabalho remunerado tornam-se adultos tão felizes quanto os de mães que ficam em casa.

Nesse contexto, quando eu voltasse a trabalhar, conseguiria vaga em tempo integral na creche da base militar para os nossos dois filhos. Como a creche não era paga, poderíamos ter o privilégio de contratar uma pessoa para nos ajudar com os serviços domésticos e para ficar com as crianças, caso elas ficassem doentes. O difícil seria achar alguém de confiança.

O primeiro temor na contratação de uma ajudante era o de que ela fosse violenta com as crianças, já que elas ficariam esporadicamente em casa. Com certa recorrência, víamos denúncias de pais que haviam filmado sorrateiramente babás que agrediam seus filhos. Minha tia descobriu que a funcionária que ela havia contratado comia as papinhas que ela deixava para serem dadas ao seu bebê e havia muitas outras histórias horríveis, divulgadas na mídia ou mesmo contadas por conhecidos.

Queríamos também alguém que efetivamente nos ajudasse com as tarefas domésticas, para que pudéssemos dedicar nosso tempo às crianças em casa. É fato que no Brasil, como já exposto anteriormente, a classe média em geral pode custear um serviço de ajuda para as atividades domésticas, no entanto, essa praticidade não vem desacompanhada de algumas preocupações. Uma delas é a de que a empregada não seja de boa índole e comece a furtar coisas da casa. Outras reclamações que ouvia com frequência era a de funcionárias desastradas, que quebravam muitas coisas dentro de casa, ou de esbanjadoras, que utilizavam em poucos dias todos os produtos de limpeza disponíveis. Entretanto, acredito que devemos ter consciência de que ao terceirizamos esse serviço, ele não será executado da forma como nós próprios o fazemos. Também, quanto a esse precioso trabalho, cabe destacar aqui, o meu sincero respeito e reconhecimento às empregadas domésticas, que deixam seus lares muito cedo ao amanhecer e muitas vezes deixam também suas crianças pequenas aos cuidados de familiares ou vizinhos, quando elas não conseguem vagas em creches públicas, para se dedicarem ao cuidado da casa e com os filhos de outrem. Na maioria das vezes, quando elas retornam às suas próprias casas, ainda têm que dar conta de todos os serviços domésticos e cuidados com os filhos. Sinto como se a classe média estivesse apenas transferindo o seu problema para as classes menos privilegiadas.

Quando estava acabando a minha licença-maternidade, conseguimos contratar uma ajudante que ia duas vezes por semana em nossa casa. Mas se fosse necessário ficar com as crianças, ela teria certa flexibilidade.

Quando Sofia completou 5 meses de idade, apesar de ser recomendada amamentação exclusiva no peito, comecei a introduzir alimentos, pois quando ela começasse na creche no mês seguinte, teria que se encaixar na mesma rotina de alimentação que as outras crianças. Uma semana antes de começar meu trabalho, Sofia iniciou o período de adaptação na creche. No primeiro dia ela já se integrou bem ao grupo, mas eu permaneci por perto. No segundo dia, já pude me ausentar por algumas horas, e a partir do terceiro dia, nem precisei permanecer na creche, porém, estava disponível e acessível caso fosse necessário. Voltava apenas na hora do almoço para amamentar. A creche ficava a algumas centenas de metros do meu trabalho e continuei ainda a amamentá-la na hora do almoço por alguns meses. Com o Peter, que estava então com pouco mais de 2 anos, não havia essa fase adaptação em que fosse necessária a minha presença.

Quando retornei ao meu trabalho, confesso que não me senti culpada por deixar as crianças na creche, como acontece com muitas mães. Estava feliz e entusiasmada com os novos desafios do trabalho, afinal, eu assumiria duas disciplinas na graduação e uma na pós-graduação. Lembro-me como se fosse hoje o primeiro momento em que sentei na minha cadeira depois de retornar da licença-maternidade. Era de certa forma confortante ter um tempo para mim, tempo para tomar um chá, tempo para fazer um lanche sem interrupções. Na gravidez da Sofia eu engordei apenas 8 quilos e, após o parto e durante a minha licença, perdi, no total, 15 quilos. Ou seja, estava 7 quilos mais magra do que no início da gravidez. Para alguém que já não tinha sobrepeso, isso significava muito. Amo demais os meus filhos, mas a tarefa de ficar em casa cuidando de crianças é extenuante. De fato, acredito que haja maneiras de facilitar as coisas, mas eu sempre fui muito exigente comigo mesma e não abria mão de uma comida fresca e saudável para as crianças, a qual eu mesma preparava, além de atividades lúdicas e educadoras, em um ambiente limpo e relativamente organizado.

Costumo dizer que, na minha opinião, é muito mais fácil ser professora do ITA do que ficar em casa e educar filhos. E isso ainda vale até hoje, quando eles já têm 9 e 11 anos de idade. Por mais que a demanda física tenha diminuído bastante, a psicológica aumentou muito mais. Nenhum conflito ou indisposição no trabalho, quer seja com alunos ou colegas de trabalho, fez com que eu perdesse o controle e a serenidade. Já em casa, isso aconteceu várias vezes. No meu papel de educadora, quando um aluno tinha um comportamento inadequado, tentava mostrar a ele o que era correto e, apesar do meu senso de responsabilidade e comprometimento, não me sentia culpada por ele ter apresentado aquela atitude imprópria. Já com os filhos, sempre me sinto culpada pelo mau comportamento. A pergunta que fica é: onde foi que eu errei? Além disso, vejo-me na obrigação de torná-los pessoas melhores.

———

O trabalho que se tem em casa para educar os filhos é pouco

valorizado. É recorrente a pergunta para as mulheres (ou homens) que deixaram de lado suas carreiras para ficarem em casa cuidando dos seus filhos: "Mas você não trabalha?". Trabalha sim! E um trabalho que é deveras importante e necessário. Um trabalho que é difícil e árduo; que é pouco reconhecido e não remunerado. Para quem não pode contar com a ajuda de terceiros, é um trabalho complexo e multidisciplinar. Os requisitos para esse trabalho são diversos: é preciso ter conhecimento de psicologia, pedagogia, enfermagem, nutrição, saber limpar, passar, dirigir, cozinhar e ter uma boa noção de administração, para poder conseguir realizar todas as tarefas em tempo hábil. É um trabalho que não tem hora para começar e não tem hora para acabar. E tudo isso sem remuneração! Muitas vezes abrindo mão dos seus próprios sonhos e anseios profissionais. E depois ainda perguntam se você não trabalha?

Para o modelo de família tradicional, na geração da minha mãe, era comum as mulheres ficarem em casa e quando o marido chegava do trabalho ele ia se sentar no sofá e se recuperar do seu dia cansativo, enquanto a mulher continuava na sua labuta. Em minha opinião, os homens deveriam chegar em casa e assumir os serviços domésticos para que a mulher pudesse enfim ter um momento de descanso! Hoje em dia, vejo que os serviços domésticos são mais compartilhados em casa, porém, de acordo com o relatório sobre Lacuna de Equidade de Gênero, divulgado pelo Fórum Econômico Mundial de 2020, em muitos países, as mulheres ainda consomem várias vezes mais tempo do que os homens nessas atividades. Mesmo em países onde há uma melhor paridade (por exemplo, Noruega ou Estados Unidos), as mulheres consomem quase duas vezes mais tempo do que os homens no trabalho doméstico não remunerado. No Japão, essa proporção é de mais de quatro vezes.

Segundo o Instituto Brasileiro de Geografia e Estatística (IBGE)[11], no Brasil, em 2018 as mulheres dedicaram em média

21,3 horas por semana aos afazeres domésticos, enquanto os homens, 10,9 horas, ou seja, quase o dobro. Mesmo tendo uma ocupação remunerada, a mulher cumpria 8,2 horas a mais em obrigações domésticas que o homem também ocupado. A diferença era ainda maior entre homens e mulheres desempregados. Nessa condição, elas trabalhavam 11,8 horas a mais do que eles. Meu marido sempre participou das tarefas domésticas e do cuidado com as crianças, mas acredito que ainda assim, a maior contribuição tenha sido a minha. Além do tempo que se gasta realizando essas tarefas, na maioria das famílias que eu conheço, inclusive na nossa, são as mulheres que se preocupam com o gerenciamento e logística das tarefas da casa. Mesmo durante o expediente, surpreendia-me pensando na lista de compras do supermercado, no próximo evento da escolinha dos nossos filhos ou no presente de aniversário de alguma criança, que deveria ser providenciado.

Vejo entre as colegas e amigas da minha geração, que possuem um curso superior, que ficar em casa é algo inaceitável. Muitas, que por diversos motivos tiveram que passar por essa situação, foram acometidas por depressão e até tiveram que fazer uso de remédios controlados. A frustração de não poder seguir com a carreira profissional em alguns casos é imensa. Para muitas, é vergonhoso ficar em casa. Entretanto, conheço também mães que abandonaram carreiras bem-sucedidas, para se dedicarem exclusivamente às suas famílias. E estão muito felizes e não se arrependem! Tudo é uma questão do momento na vida, das experiências já vividas e das necessidades de cada pessoa. Quando eu era recém-formada, jamais pensei em abrir mão da minha carreira. Hoje, com 42 anos, reflito bastante sobre o valor da vida corporativa e da família. Não existe uma forma melhor de conciliar carreira e família?

Tenho uma amiga que desistiu da carreira para cuidar dos pais enfermos e que em momento algum se arrependeu disso. Embora esse seja um assunto pouco abordado neste livro, é notório que o cuidado com os pais e parentes idosos e enfermos é tampouco valorizado.

Anne-Marie Slaughter, que trabalhou quase 2 anos como a primeira mulher Diretora de Planejamento Político dos Estados Unidos, reportando-se diretamente à Secretária de Estado Hilary Clinton, em 2011 abriu mão de sua carreira para ter mais tempo para os seus filhos, de 12 e 14 anos. Embora o filho mais velho afirmasse que entendia a importância do trabalho e comentasse com muito orgulho com os colegas sobre a profissão da mãe, ele começou a apresentar mau comportamento e ter desempenho insuficiente na escola. Isso ocorreu 18 meses após a mãe dele ter iniciado seu trabalho em Washington. Slaughter, que em toda a sua carreira incentivou jovens mulheres dizendo que era possível, sim, "ter tudo", ou seja, conseguir conciliar carreira proeminente e família, em 2012 escreveu o artigo *Why women still can't have it all* (Porque as mulheres ainda não podem ter tudo) na revista *The Atlantic*. Nesse artigo ela expõe suas próprias dificuldades e aponta caminhos para uma sociedade em que todos possam ter uma carreira de sucesso e ao mesmo tempo tomar conta de sua prole ou de seus pais idosos. Ela afirma que é preciso rever o conceito de que trabalhar por muitas horas seguidas significa gerar melhores resultados, valorizar e não discriminar pessoas que sejam comprometidas com sua prole, possibilitar uma maior flexibilização das horas de trabalho, e garantir licença-maternidade remunerada, bem como serviço de creches e casas de idosos de qualidade por um preço acessível. As mudanças para se alcançar um melhor equilíbrio não devem estar focadas somente nos indivíduos, mas no sistema em geral. Ela ressalta, ainda, que essa não é uma questão só das mulheres, pois os homens que assumem o trabalho de cuidadores passam pelas mesmas dificuldades. No seu livro *Unfinished business: women, men, work, family*[12] (*Questões pendentes: mulheres, homens, trabalho, família*, na versão em português), referência inspiradora para mim, Slaughter evidencia a necessidade de valorizar as pessoas que assumem o cuidado com outras e não somente aquelas que trazem dinheiro para casa. É um investimento em capital humano. Para tanto, além do reconhecimento, são necessárias políticas públicas que garantam a segurança econômica dessas pessoas. Assim, apesar de Slaughter ter condições financeiras para terceirizar os serviços domésticos, ela escolheu abrir mão do seu cargo político e retornar às atividades acadêmicas para poder ficar mais próxima da sua família.

Observo atualmente muitos casos de amigas que fazem questão de estar ativas no mercado de trabalho, preferencialmente em tempo integral, mesmo que essa não seja a opção mais econômica para a família. Como apresentado anteriormente, os custos de creches são altos, além de que muitas vezes a família tem que dispor de um segundo carro. Gasta-se mais com transporte e roupas e acaba-se terceirizando outros serviços, como limpeza doméstica e até mesmo as refeições. Reconheço que no Brasil é muito difícil a reinserção no mercado de trabalho após um período longe da vida profissional e essa opção é para muitos uma maneira de não abandonar de vez a carreira. Ou seja, por um período da vida, se aceita pagar para poder trabalhar.

Para algumas famílias, "pagar para poder trabalhar" não é uma opção viável, e um dos cônjuges acaba ficando em casa por uma questão financeira. No caso das famílias de baixa renda, em que, de fato, a renda de um dos cônjuges não é suficiente para manter a família, ambos têm que trabalhar, deixando o cuidado com as crianças a cargo de um parente, uma cuidadora informal ou de uma creche pública. Aí entra a questão de grande desigualdade econômica no Brasil. Ainda vejo que essa situação ocorre não somente em famílias de baixa renda mas, também, ocorre em famílias de classe média, e aí creio que é uma questão de prioridades, que leva cada casal a avaliar qual a importância da realização profissional da esposa e do marido, de fornecer aos filhos uma educação de qualidade, de colocá-los em atividades esportivas, em escolas de idiomas, ou de viajar para a *Disney*, de possuir uma casa própria ou um carro de luxo, ou na outra extremidade, como ocorre nas famílias que vivem com baixa renda, de ter o que dar de comer aos seus filhos.

Tenho uma amiga precisou voltar a trabalhar, pois só o salário do marido não estava sendo suficiente. Ao mudar as filhas de tempo parcial para integral no colégio particular, e colocando na ponta do lápis tudo o que estavam gastando a mais, o salário dela não cobria o aumento das despesas. De qualquer forma, ela estava se sentindo muito melhor do que quando estava só em casa, apesar da correria. Não sei como o casal está fazendo para fechar as contas agora, mas acredito que a esperança é de que ela possa progredir na carreira e vir a ganhar mais. Para muitos, a decisão de ter uma ocupação remunerada não é apenas uma questão econômica, mas de realização profissional. Não posso deixar de observar que essa decisão é, em alguns casos, influenciada pela atual desvalorização do papel do educador e do cuidador. Há uma pressão social que torna, para alguns, o trabalho doméstico vergonhoso.

Existe também aquele bordão de que quanto mais se ganha, mais se gasta. Só para ilustrar essa situação, uma amiga largou um cargo proeminente na indústria para abrir um negócio próprio. Como no início o lucro estava bem abaixo do esperado, a família teve que cortar alguns gastos. Ao analisar as contas, viram que muitas coisas que estavam pagando eram desnecessárias. Eu mesma quando estava trabalhando em tempo integral tenho que admitir que acabava consumindo mais, muitas vezes pela falta de tempo. Quando uma roupa estragava, eu não tinha tempo de consertar ou de levar para consertar, embora seja essa solução mais adequada do ponto de vista da sustentabilidade ambiental, e acabava logo comprando outra. Íamos também com mais frequência a restaurantes, entre outros gastos que, em momentos de dificuldades financeiras, seriam normalmente reduzidos ou suprimidos.

Muitas das mães que conheço, que não abriram mão da carreira em tempo integral quando seus filhos eram crianças, sentem remorso ou mesmo culpa pelo fato de os filhos terem tomado certos caminhos que elas consideram não terem sido os mais adequados.

Outras, entretanto, relatam que nunca tiveram problemas para conciliar carreira e família. As pessoas são diferentes; umas suportam níveis de pressão mais altos do que outras. Alguns filhos exigem mais dedicação e tempo do que outros.

Nas famílias em que o pai ou a mãe cria seus filhos sozinho e sem ajuda financeira do ex-cônjuge ou da família, não se tem muita opção, infelizmente. O trabalho em tempo integral é geralmente uma necessidade.

Enfim, é impossível generalizar e encontrar um modelo único que caracterize todas as particularidades de cada família. Cada núcleo familiar tem as suas dificuldades e as suas prioridades.

———

Voltando à rotina da nossa família, posso afirmar que, segundo a minha percepção na época, não me sentia culpada por trabalhar e, por isso, deixar as crianças em tempo integral na creche era uma atitude perfeitamente normal. Pelo fato de a creche ficar próxima do meu trabalho, as crianças ficavam das 7h50 às 17h30 sob os cuidados de terceiros. Percebia, entretanto, que eu já não era tão competitiva no trabalho quanto os meus colegas. Como pesquisadora, eu já não conseguia levar artigos científicos para ler em casa à noite ou no final de semana, como anteriormente costumava fazer. Minha participação em congressos era restrita; no ano em que eu estava ainda amamentando a Sofia, era impossível, a menos que eu mobilizasse a família inteira para ir junto. Como professora, comecei a compreender que a tarefa mais desafiadora do que simplesmente dominar 100% um conteúdo e expô-lo, era motivar os alunos, ou seja, entrar no campo pedagógico e psicológico.

Apesar de poder contar com uma ajudante em casa, duas vezes por semana, a rotina era intensa. Como era eu quem levava as crianças para a creche, quando eu tinha que dar aulas às 8h da manhã, ia apreensiva, torcendo para que a Sofia não sujasse as fraldas durante o percurso feito de carro. Se isso acontecesse, eu deveria trocá-la ao chegar na creche, porque era um horário crítico para as cuidadoras, que não poderiam deixar a atividade de receber as crianças para trocar outras que chegassem com as fraldas sujas. Isso implicaria um atraso na minha aula. Com crianças, pela minha experiência, as birras são diretamente proporcionais à pressa que os pais têm. Quanto maior a pressa, mais elas teimam. Acredito que clamam por um pouco de atenção na correria do dia a dia.

Com, praticamente, todas as mães que conversei e que trabalham em tempo integral, surge sempre o dilema e a sensação de que você não consegue ser uma profissional tão boa quanto você gostaria, nem uma mãe tão presente quanto eram suas expectativas. Fica uma sensação de culpa. Quando a Sofia estava com pouco mais de um ano, na comemoração do Dia das Mães na creche, os pais deveriam enviar na mala das crianças um segundo conjunto de uniforme. Em princípio, as crianças deveriam chegar de uniforme na escola, e na mala que elas levavam diariamente deveria haver uns quatro conjuntos de roupas para troca, mas não necessariamente outros uniformes. Naquele dia, as crianças fariam uma apresentação para as mães, e todas deveriam estar vestidas com o uniforme da escola. E eu esqueci de mandar o segundo uniforme. Conclusão, as cuidadoras haviam colocado o casaco do uniforme na Sofia, pois ela havia sujado a camiseta em uma das refeições, apesar do dia estar relativamente quente. Senti-me a pior mãe do grupo.

Dentre as mães com quem eu conversava, era raro quem nunca tivesse dado um antitérmico para seu filho, tendo ele acordado com febre ou com sintomas de resfriado e, mesmo assim, o tenha levado para a creche por não ter com quem contar naquela hora e não poder faltar a uma reunião importante de trabalho. Ou quem nunca tivesse optado, após levar seu filho ao médico, por logo ministrar antibióticos no começo de uma dor de garganta, para promover uma recuperação mais rápida, ao invés de propiciar primeiro o repouso da criança, esperando a reação do sistema imunológico. Eu me sentia culpada por vivenciar essas experiências. Houve uma ocasião em que, num final de tarde, eu estava aplicando uma prova para alunos da graduação e me ligaram da creche dizendo que a Sofia havia se machucado e que eu deveria buscá-la. Tentei contatar o meu marido, mas não consegui. Para a minha sorte, era professora em uma instituição em que a ética imperava e os alunos não precisavam ser vigiados nas provas. Embora eu gostasse de permanecer em sala para eventuais dúvidas, acabei me ausentando para buscar a minha filha, e os alunos terminaram a prova sozinhos. Senti-me constrangida. Não eram incomuns reuniões marcadas na parte da tarde, e que se delongavam para além do horário do expediente. Muitas vezes tive que pedir licença e sair para buscar as crianças. Sentia-me incomodada com tudo isso.

Como já era esperado, principalmente com a Sofia que começou a frequentar a creche com 6 meses de idade, as viroses e outras doenças típicas de crianças eram recorrentes. Nessa idade, por mais que os cuidadores zelem pelas crianças, elas acabam trocando chupetas ou brinquedos que, inevitavelmente, levam à boca. E assim, a cada 15 dias, em média, aparecia uma febre, uma dor de garganta, uma tosse... Eu e meu marido evitávamos faltar ao trabalho e por considerar a nossa ajudante de confiança, acabávamos deixando o filho doente com ela em casa. Porém, um dia acabei perdendo a confiança em nossa ajudante. A Sofia teve febre no dia anterior, no final da tarde. Nada muito grave. Pela manhã ela não apresentava febre, porém, resolvemos deixá-la em casa. Orientei a nossa ajudante para que ela verificasse a temperatura de Sofia com certa frequência e me avisasse caso a febre voltasse. No final do dia, ela afirmou que Sofia não teve febre. Porém, quando eu fui mexer na caixa de remédios, vi que o vidro de dipirona estava aberto. A nossa ajudante tinha a mania de deixar sempre aberta ou mal fechada a tampa das embalagens. Ela também já havia trabalhado como auxiliar de enfermagem e sempre tinha uma opinião para assuntos relacionados à sua experiência. Ao ser questionada se havia ministrado algum medicamento, ela negou, mas a minha dúvida permaneceu e a confiança se perdeu. Resolvemos não arriscar e acabamos demitindo-a. Procuramos, dessa vez, contratar alguém que pudesse ficar de 2ª a 6ª feira em nossa casa, para que tivéssemos a garantia de poder contar com uma ajuda, no caso de as crianças precisarem ficar em casa. Para a nossa sorte, encontramos uma pessoa muito boa e com quem até hoje temos uma grande amizade. Além de deixar a casa arrumada e as roupas lavadas e passadas, tínhamos sempre uma comida fresca para o jantar. Com isso, quando chegávamos em casa do trabalho, eu e meu marido podíamos realmente aproveitar o tempo com as crianças que de fato era relativamente curto. Tínhamos das 18h às 20h30 para ficarmos juntos, isso incluindo o jantar, o banho e a preparação das crianças para a hora de dormir.

Eu procurava sempre eximir-me de levar serviço para casa, pois depois da rotina diária, já estava bastante cansada. Entretanto, essa obrigação era muitas vezes inevitável. Ou tinha um artigo para ler, ou provas e exames para corrigir, aulas para preparar ou, ainda, teses e dissertações para ler e corrigir. Tentava ao máximo fazer com que as preocupações do trabalho não alterassem meu humor em casa, mas tenho que reconhecer que nem sempre conseguia atingir esse objetivo. Como fala o admirável filósofo Mario Sergio Cortella no seu livro *Vida e carreira: um equilíbrio possível?*[13]: quando alguém diz que não leva trabalho para casa geralmente está tentando separar vida profissional e vida pessoal, o que indicaria, em primeiro lugar, do ponto de vista psiquiátrico, esquizofrenia, ou seja, alguém capaz de se dividir de maneira tão nítida e com fronteiras que, de fato, não existem. Realmente, hoje vejo, que quanto mais preocupada eu estava com as atividades do trabalho, menos paciência eu tinha com os meus filhos e até mesmo com meu marido, a ponto do nosso relacionamento se abalar. Acredito, que muitos casamentos hoje em dia acabem, não exatamente pela independência financeira que as mulheres conquistaram, mas muito mais pela carga excessiva de trabalho que a elas tem sido atribuída.

———

Com a quantidade excessiva de trabalho e a consequente falta de tempo, muitos pais tornam-se mais propensos a fazer concessões. Quem é que, mesmo seguindo o princípio de que as crianças devam dormir em suas próprias camas, não acabou deixando aquela "visita" no meio da madrugada continuar dormindo na cama de seus pais, por não ter mais forças para levantar e levá-la de volta para o seu quarto, mesmo que isso significasse passar o resto da noite mal acomodado? Quem nunca acabou fazendo o uso de comidas ou lanches prontos, por realmente não ter tempo suficiente para preparar uma refeição fresca e saudável? Michelle Obama conta em sua autobiografia[14] que no meio da campanha das eleições presidenciais, ao levar uma de suas filhas ao pediatra, constatou que a menina estava com sobrepeso; ela confessa que a falta de tempo fizera com que a família consumisse mais *snacks* e *fast foods,* apesar de Michelle sempre ter priorizado comidas frescas e saudáveis. Inclusive, como primeira dama, Michelle conduziu diversos projetos para melhorar a qualidade da alimentação das crianças. É claro que não é algo comum você ter que ajudar o seu cônjuge nas campanhas presidenciais, mas Michelle tinha as suas regalias e podia contar com a ajuda de sua mãe e até mesmo de uma babá. No entanto, cada família tem as suas dificuldades. Conheço muitas pessoas que acordam às 5h da manhã para poder cozinhar para a família, saem para o trabalho e retornam dez ou mais horas depois, tendo ainda que dar conta dos afazeres domésticos, como lavar ou passar roupas, limpar a casa e dar atenção aos filhos. Não adianta, o dia tem 24 horas para todos. Quando se tem muitas tarefas para serem feitas e não temos tempo suficiente para tudo, alguma coisa acabamos deixando de lado, quer seja uma alimentação saudável, quer sejam horas de sono. Então, é uma questão de prioridade, de escolher o que vamos deixar de lado. De qualquer forma, o corpo muitas vezes não aguenta nossos excessos e reflete as consequências das nossas escolhas. Sobrepeso, diabetes, pressão alta, gastrite, úlcera, síndrome do pânico e depressão podem resultar desses abusos.

Uma concessão que muito me preocupa, e que tenho visto com muita frequência nas famílias no Brasil, é o uso excessivo de aparelhos eletrônicos. Vejo pais se orgulharem de seus filhos que, com menos de 2 anos de idade, já sabem manipular *tablets* e *smartphones*, apesar de muitos estudos já demostrarem que os aparelhos eletrônicos devem ser evitados nessa faixa etária. O próprio tempo de exposição recomendado pela Sociedade Brasileira de Pediatria (SBP) é bem mais generoso do que é recomendado na Alemanha. Enquanto para as crianças de 2 a 5 anos a SBP[15] recomenda uma exposição máxima a telas digitais de 1 hora por dia, o Estado de Hessen na Alemanha, por exemplo, recomenda 30 minutos[16]. Para idades mais avançadas, a SBP deixa a cargo dos pais a estipulação de um tempo limite, alertando para o monitoramento dos conteúdos acessados, enquanto a orientação do Estado de Hessen é que crianças de 6 a 9 anos tenham no máximo acesso de 1 hora a aparelhos eletrônicos e de 10 a 12 anos de idade, no máximo 75 minutos diários ou 9 horas semanais. Vejo que muitas vezes os pais acabam permitindo que os seus filhos fiquem muito mais tempo expostos a aparelhos eletrônicos para que eles possam ter tempo para os seus próprios afazeres. Eu mesma confesso que já fiz isso em algumas ocasiões.

Além das concessões, há ainda pais que recorrem, até mesmo de forma inconsciente, às recompensas. Por não dispor de tempo de convívio suficiente com as crianças, tentam recompensar essa falta com presentes e mimos. Essa forma de aliviar um sentimento de culpa reforça, entretanto, a cultura consumista e materialista. As crianças materialistas são mais imediatistas, ansiosas e irritadiças. Fazem de tudo para conseguir uma recompensa imediata: escândalos e chantagens emocionais. Caso essa característica seja mantida ao longo da vida, o adulto materialista, por sua vez, é mais propenso a apresentar comportamento compulsivo de compra, a ter com mais frequência problemas financeiros e menor satisfação num relacionamento conjugal[17]. Segundo o psiquiatra e psicoterapeuta Augusto Cury[18], dar muitos presentes gera nos filhos autoritarismo, consumismo e ingratidão. Mendigos emocionais em massa. As crianças apresentam com frequência comportamentos viciantes, insatisfação crônica, dificuldade de contemplar o belo e simples, expansão dos níveis de ansiedade, imaturidade emocional, alto índice de reclamações e baixa autoestima.

Na palestra feita em 2018 no Colégio Santo Antônio, da cidade de Belo Horizonte[19], a médica *pediatra* Filomena Camilo do Vale (Dra. Filó) afirma que ela tem observado um crescimento muito grande de casos de distúrbios psicológicos e que esses estão acontecendo cada vez mais cedo. Em seu consultório particular, no qual atende crianças de classe média e alta, relata casos de síndrome do pânico em crianças de 8 anos, tentativas de suicídio aos 10, dependência química aos 12, dependência do celular aos 8, anorexia aos 10. Afirma ainda que a exposição não controlada das crianças à *internet* tem vulgarizado e banalizado o sexo. Conta um caso de uma menina de 10 anos que postava vídeos dela se masturbando na *internet* e que, quando os pais descobriram, suas imagens já haviam percorrido o mundo. Em outro caso, uma menina de 12 anos fazia sexo com o cachorro em casa. Entre inúmeros outros casos de crianças que se deixam cair nas armadilhas de pedófilos, os quais procuram as suas vítimas em *chats* e redes sociais. A Dra. Filó afirma que a maioria dos casos está relacionada a uma baixa autoestima da criança.

Fazendo um paralelo com a palestra do psicoterapeuta Ivan Capelatto[20] no programa Café Filosófico em 2017, de acordo com o psicanalista francês Jacques Lacan, todos nós temos a necessidade fundamental de sermos desejados. Essa necessidade deve, em primeiro lugar, ser suprida pela família. Se os pais não têm tempo de qualidade com os filhos, estes podem não se sentir desejados e, portanto, podem apresentar uma baixa autoestima. Ivan Capelatto ressalta ainda que é diferente "querer um filho" de "querer ter um filho" e questiona se os filhos não têm sido mais um objeto de consumo de uma sociedade consumista.

Na Alemanha, em janeiro de 2019 li uma reportagem[21] contando os detalhes do caso de um menino, Josh, que aos 15 anos de idade se tornara dependente químico. O menino que passava a maior parte do tempo em seu quarto conectado a aparelhos eletrônicos e redes sociais, e que para os seus pais estava dentro da normalidade para uma criança de sua idade, estava frequentando grupos do *Facebook* que ensinavam a misturar medicamentos e componentes químicos. Esses componentes, os quais eram encomendados por Josh do seu quarto pela *internet* e recebidos na porta de sua casa, eram então consumidos para gerar momentos de prazer e alucinação. Na minha infância, nos anos de 1980 a 90 e, conforme descrito no livro *Eu, Christiane F., 13 Anos, Drogada e Prostituída*, as drogas eram comercializadas em determinadas localidades da cidade. Hoje com a *internet*, o inimigo pode estar convivendo dentro da sua própria casa! Por mais que os pais coloquem filtros na rede para restringir o acesso a determinados sites, existe sempre uma forma de burlar o sistema. A melhor forma, acredito, é manter um diálogo aberto e franco com as crianças.

Muitos recomendam que, na falta de tempo de convivência com os filhos, os pais incluam as crianças em suas tarefas. Por exemplo, preparar as refeições juntos. Na teoria parece uma solução maravilhosa, mas na prática, pelo menos para mim, essa solução não deu muito certo. Quando se tem muitas coisas para fazer e você tem pressa para acabar as tarefas, incluir as crianças nos meus afazeres acaba gerando mais estresse. Para cozinhar com as crianças eu preciso de tempo e paciência. O processo é mais lento e no final ainda é necessário tempo para limpar a bagunça, que nesse caso é maior. Apesar de achar esse tipo de atividade importante para a formação das crianças, eu preciso para isso dispor de mais tempo.

———

Precisamos de mais tempo para conviver com nossa família. O melhor presente que podemos dar aos nossos filhos é estar próximos a eles. O problema é que muitos pais, no seu tempo de convívio com os filhos, estão eles próprios absortos em aparelhos eletrônicos. É comum no Brasil, muito mais do que percebo na Alemanha, vermos famílias com crianças pequenas em restaurantes, cada um em seu *tablet* ou *smartphones*, sem diálogo, sem interação uns com os outros. Muitos pais têm mais tempo para as redes sociais do que para os seus próprios filhos. Anne-Marie Slaughter, apesar de se considerar bastante presente na vida dos seus filhos, escreveu no seu livro que seu filho no primeiro ano da escola, ao realizar a tarefa de desenhar a sua família, representou-a como um *laptop*. Não como uma pessoa sentada ao *laptop*, mas como o próprio *laptop*. Nesse caso o uso do laptop não era para Slaughter acessar redes sociais, mas para continuar o seu trabalho de casa.

Muitos defendem que o que importa não é a quantidade de tempo despendido com os pequenos, mas sim a qualidade; concordo parcialmente. Não adianta permanecer em casa e ser um educador crítico, impaciente, intolerante, inapto para impactar positivamente seus filhos. Mas também, acredito que precisamos de tempo para construir pontes de intimidade e vínculos afetivos com as crianças. Vejo pela minha própria experiência. Quando o Peter ia completar 6 anos tivemos que procurar uma escola onde ele pudesse iniciar o 1º ano do Ensino Fundamental. Resolvemos mudar a Sofia para a mesma escola, mesmo ela tendo ainda que frequentar 2 anos na pré-escola. Como a escola era particular e queríamos continuar com a nossa ajudante, a M.S., optamos por deixá-los na parte da manhã em casa e à tarde na escola. Após esse convívio mais estreito com a M.S., a Sofia às vezes a chamava de mãe. Acreditava que isso era confusão dela, por causa da pouca idade (4 anos). Será que era? Hoje tenho minhas dúvidas. O tempo que tínhamos com as crianças, 2 a 3 horas diárias, após buscá-los na escola, era usado para realizar as tarefas da escola, jantar, tomar banho e se preparar para dormir. Apesar de passarmos os finais de semanas juntos, as possíveis angústias diárias acabavam sendo engavetadas. Hoje, quando fico com as crianças a partir das 15h da tarde, temos mais tempo juntos e podemos construir um relacionamento mais estreito. Meu marido constantemente se queixa de não poder participar tanto da vida das nossas crianças. Vejo que a quantidade de tempo também faz diferença.

Uma situação complicada que tínhamos com a M.S., decorrente da forte ligação dela com a Sofia, era a de que o Peter sempre se sentia em segundo plano. Afirmava que nos conflitos que ele tinha com a irmã, a M.S. geralmente protegia a Sofia. Chegou a um ponto em que ele dizia que não queria mais ficar em casa com a nossa funcionária. Os pais em geral, por mais que possam ter mais afinidade com um filho ou com o outro, procuram ser justos e dar atenção a todos igualmente. Essa percepção de justiça é mais difícil de partir de um funcionário ou terceiro.

O filósofo Mario Sergio Cortella apresenta no seu livro *Família: urgências e turbulências* sua percepção de que nas famílias de hoje há uma angústia vivida pelos pais por não saberem lidar com as novas gerações. Observa-se nas famílias dificuldade em se chegar à uma situação de equilíbrio, em que haja uma vida harmônica porém, disciplinada, e ele aponta a rarefação da convivência como uma das principais causas. Além disso, acredito que a avalanche de informações a que somos submetidos, proporcionada pela disseminação da *internet*, tornou a vida familiar menos simples do que era com nossos pais. Eles, em geral, seguiam o modelo dos nossos avós, e não se questionavam muito sobre isso. Eles eram mais seguros de suas convicções, mesmo que por um conhecimento restrito. Hoje, quando um de meus filhos me faz uma pergunta, eu demoro talvez alguns minutos para responder. Não porque eu não saiba, mas porque tenho que fazer uma busca na minha memória das 100 definições que já li e depois tirar as minhas próprias conclusões. Adicionalmente, o fato de ter as informações mais facilmente ao meu alcance, faz com que eu me cobre mais. É como se eu não me permitisse errar pois, afinal, tenho acesso à informação.

Quando ambos os pais trabalham em tempo integral, não é fácil no meio do turbilhão de atividades, ter estabilidade emocional e tempo de qualidade com os filhos. Para aqueles que buscam desempenhar bem no campo profissional e familiar, resta muitas vezes o sentimento de culpa, de não estar fazendo o seu melhor. Muitos psicanalistas afirmam que esse sentimento de culpa é normal mas, que devemos aprender a conviver com isso. Será mesmo que isso é normal, ou estamos vivendo em um modelo de sociedade insalubre e por consequência insustentável a médio e longo prazo?

O equilíbrio entre vida profissional e familiar é frágil e instável, e ele é conformado não somente pela idade e demanda dos filhos, mas também pela situação profissional e chances de carreira dos pais.

Se a família for a prioridade, será preciso rediscutir as necessidades da vida material e reorganizar os modos de uso do tempo. Como fala Mario Sérgio Cortella, "a amorosidade sem dedicação, sem competência, é mera boa intenção".

4. Ser mãe e exercer atividade profissional na Alemanha

O culto da mãe perfeita é diabólico com as mulheres.

— Elisabeth Badinter

Em 2015, meu marido recebeu uma proposta da empresa em que trabalhava para desenvolver um projeto na Alemanha, que deveria durar 4 anos. Seria uma excelente oportunidade para os nossos filhos conhecerem uma nova cultura e aprender bem outra língua, e também para nós, pois poderíamos nos aperfeiçoar nas nossas carreiras.

Na época, o Peter estava com 7 anos, no 2º ano da escola; a Sofia, com 5, ainda na pré-escola. Efetuamos nossa mudança em agosto, algumas semanas antes do começo do ano letivo na Alemanha. Eu havia decidido que no primeiro ano iria ficar em casa para dar um apoio maior às crianças e, enquanto elas estivessem na escola, eu poderia voltar a estudar alemão.

Eis que nos deparamos com as primeiras diferenças com relação ao Brasil. Na Alemanha, mais de 90%[22] das crianças frequentam escolas públicas com excelente qualidade de ensino. Na cidade em que morávamos (de aproximadamente 32.000 habitantes), nem mesmo havia uma escola particular. Eu admiro esse modelo, pois dá as mesmas oportunidades para todas as crianças. Além disso, elas devem ser matriculadas na escola primária mais próxima de sua casa. Enfim, todas as crianças têm o direito à escola pública e, como disse a diretora de uma escola, a quem eu perguntei se havia vaga, "isso é um problema que eu tenho que resolver". Peter começou o 2º ano novamente, frequentando as aulas de alemão em um grupo de estrangeiros. As aulas terminavam às 12h. Alguns cursos extras eram oferecidos no período da tarde, mas, em princípio, ele ficou "apenas" com as aulas obrigatórias.

Já para a Sofia, a situação foi totalmente diferente. Acostumados com a grande oferta de creches particulares no Brasil, acreditamos que não teríamos problema. Apesar de as creches serem pagas, a maioria das vagas é oferecida por instituições sociais de caridade, como por exemplo a Cruz Vermelha, e não há vaga garantida para todas as crianças. Outra possibilidade usada pelos alemães são as *Tagesmütter*, mulheres preparadas e certificadas que atendem em suas próprias casas um grupo pequeno de crianças. Essas profissionais cobram por hora, e para fazer uso desse serviço todos os dias, pagaríamos muito caro. Não conseguimos vaga nas creches mais próximas à nossa casa mas, sim, em uma outra não muito distante. No Brasil, a pré-escola é obrigatória a partir dos 4 anos, o que não ocorre na Alemanha. Porém, era importantíssimo que a Sofia frequentasse a creche para aprender o alemão e pudesse, então, começar a primeira série mais bem preparada, apesar de não ser uma obrigatoriedade. No Brasil, as crianças geralmente são alfabetizadas na pré-escola. Quando chegamos à Alemanha, a Sofia já sabia ler e escrever em português. Na creche da Alemanha, as crianças com 5 anos tinham duas vezes por semana uma aula de preparação para entrar na escola, com atividades para melhorar a coordenação motora fina, mas não eram alfabetizadas. A creche começava às 8 e terminava às 15h. Vale a pena ressaltar que a oferta de creches e o preço cobrado varia muito de Estado para Estado. Muitos Estados subsidiam esse serviço e, em alguns casos, podem ser gratuito, como em Hamburgo.

Um ano depois, as crianças já estavam com bom conhecimento do idioma alemão e bem adaptadas à nova cultura. Decidi que poderia voltar a trabalhar. A Sofia começaria então no 1º ano da escola primária. Como a escola terminava às 12h, eu precisava achar uma opção para deixar as crianças no período da tarde. Descobri que a cidade dispunha de alguns grupos que assistiam as crianças no período da tarde, com o encerramento das atividades variando desde às 14 até às 17h. Procurei a pessoa responsável e solicitei vagas para as minhas crianças até às 17h. A reação da responsável foi estranha para mim, pois ela perguntou se eu realmente precisava trabalhar e deixar as crianças sob os cuidados de terceiros. Falei que eu não precisava, pois o salário do meu marido era suficiente para as nossas necessidades básicas, mas que eu fazia questão, pois havia me qualificado para ter uma carreira própria. Ela me informou, então, que seria quase impossível conseguir as vagas para até às 17h, uma vez que para esse grupo eram reservadas poucas vagas, as quais eram dedicadas às pessoas que realmente precisavam, como por exemplo, pais ou mães solteiros. Ela continuou e disse que seria possível eu tentar vagas para os grupos que atendiam até às 15h, mas que mesmo assim não havia vagas para todas as crianças, apesar de ser um serviço pago. Acabei fazendo-lhe um apelo, eu disse a ela que permanecer em contato com outras crianças no período da tarde seria muito importante para os meus filhos poderem aprimorar o alemão, já que em casa a língua falada era o português. Acabei conseguindo as vagas até às 15h.

A partir de então, na tentativa de compreender a dinâmica daquela sociedade, comecei a me atentar mais para as famílias que estavam à nossa volta. De fato, nas famílias de classe média, a maioria das mães trabalhavam apenas meio período ou algumas horas por semana. Não necessariamente a mãe, mas um dos cônjuges. No nosso círculo de conhecidos, apenas uma mãe trabalhava período integral, pois era médica, e o pai, meio período, pois era fotógrafo e tinha mais flexibilidade de horários. Acho que na maioria dos casos, o fator econômico é determinante para a escolha de quem vai ficar em casa durante meio período. Uma vez que, historicamente, as mulheres ganham em média menos do que os homens (esses dados serão apresentados mais adiante), geralmente, são elas que acabam ficando em casa meio período. Observei também que, apenas nas famílias em que o salário de ambos os cônjuges era relativamente baixo, em geral, os dois trabalhavam em tempo integral. Ficou claro para mim, que na sociedade alemã valoriza-se muito a presença de um dos pais no acompanhamento da educação dos filhos. Inclusive, deparei-me com um termo que até então era por mim desconhecido, *Rabenmutter*, ou mãe corvo, que é uma denominação, deveras pejorativa, dada às mães que saem para trabalhar e deixam seus filhos sob o cuidado de terceiros. Em contrapartida, muito menos empregado, ou até mesmo quase inexistente, é o termo *Rabenvater,* ou pai corvo. Ou seja, a obrigação de ficar em casa e cuidar dos filhos é, a princípio, da mãe.

Passei a achar positivo o fato de poder ficar mais tempo com as minhas crianças e comecei então a procurar emprego em tempo parcial. Afinal, este era o modelo que eu idealizava antes de eles nascerem. Estava valorizando muito mais o tempo que podia ficar com as crianças e as coisas simples que a vida nos oferece. Oportunidades tais como, após pegar as crianças na escola, parar em um parquinho ou tomar um sorvete. Vê-los cair e incentivá-los a se reerguer e continuar, não desistir. Ter tempo para conversar e para escutar as histórias que aconteceram no dia, as quais mesmo que nos pareçam banais, para eles são muito importantes. Ainda, mostrar-lhes nas situações diárias de convívio social os valores que são importantes para a nossa família. Afinal, é o afeto que nos ordena moral e eticamente, e não a ciência[23]. Por isso, só a família pode nos dar os valores éticos e morais. A escola, por si só, não consegue suprir essa demanda. Eu podia estar presente durante a realização das lições de casa e ajudá-los a construir o conhecimento, sem dar as respostas. Eu estava tendo a oportunidade de acompanhar de perto o desenvolvimento dos nossos filhos, de observá-los e conhecê-los melhor, de perceber conflitos pelos quais eles pudessem estar passando e, com tudo isso, estava tendo a chance de criar laços afetivos mais intensos.

Acreditava que não teria dificuldades em encontrar um emprego, pois afinal já havia estudado na Alemanha, anteriormente, tinha alcançado um bom nível de aprendizagem do alemão e também obtido ali o reconhecimento de todos os meus diplomas. Além disso, tinha uma profissão no Brasil que é supervalorizada na Alemanha, a de professora universitária. Sabia, entretanto, que não teria a menor chance de concorrer para uma vaga de professora, ainda mais em tempo parcial. Comecei a procurar vagas em escritórios de engenharia, e em órgãos públicos, nas áreas relacionadas à minha formação. Percebi que a oferta de vagas em tempo parcial era bastante restrita para determinadas áreas. Vagas que exigiam alta qualificação, exigiam também dedicação em tempo integral. Candidatei-me para diversas vagas e para minha surpresa e decepção não fui chamada sequer para uma entrevista.

Senti-me péssima! No Brasil, nunca havia passado por essa experiência. Pelo desempenho acadêmico e pelos bons resultados alcançados nos estágios que fiz, sempre era procurada para novas oportunidades. Fiquei um ano inteiro absorvida por esse trabalho não remunerado de procurar emprego. Sim! Você consome o dia inteiro procurando vagas, candidatando-se em diversas plataformas com formatos específicos e escrevendo diferentes cartas de apresentação.

Resolvi procurar ajuda na Agência de Trabalho da Alemanha, que oferece apoio às pessoas que estão procurando emprego. Perguntei quais eram as minhas deficiências, o que eu teria que aprimorar para, então, conseguir uma vaga. De fato, disseram-me que não me faltava nada, que o meu nível de alemão era satisfatório e que, na verdade, eu era demasiadamente qualificada para as vagas de meio período. Então, eu deveria voltar a ser uma *Rabenmutter* e candidatar-me para vagas em tempo integral? Mas onde deixaria as crianças após as 15h?

———

Na Alemanha, existe uma lei que garante que depois de ter filhos, o funcionário tem o direito de solicitar redução da carga de trabalho. Que maravilha para quem já tem um emprego! Geralmente, são as mães que reduzem a jornada de 40 para 30 ou 20 horas semanais. E muitas continuam com a jornada reduzida por 15 anos ou mais. Tenho uma conhecida que, após ter o primeiro filho, reduziu sua jornada de 40 para 30 horas. Porém, ela trabalha em um lugar muito distante e gostaria de procurar outro emprego mais próximo de sua cidade. Ela, alemã, relatou-me a dificuldade de conseguir um emprego em tempo parcial para pessoas graduadas. Formada na área de Bioquímica e tendo sua residência próxima a diversas empresas do ramo, confessou-me que, para conseguir um novo emprego, teria que se candidatar para vagas em tempo integral, e sendo escolhida, teria que permanecer os 6 meses de período probatório contando com a ajuda de familiares e, só depois, pedir a mudança para tempo parcial. Ou seja, teria que se sujeitar a trabalhar em tempo integral e, ainda, solicitar ajuda extra durante 6 meses.

Outro caso é o de uma conhecida, também alemã, que, depois de voltar da licença-maternidade e pedir para reduzir a sua jornada, foi realocada para um serviço muito inferior ao que ela exercia anteriormente. A situação era tão insustentável e humilhante, que ela pediu demissão e processou a empresa. Ainda não se tem uma decisão para o caso, e passados 4 anos, ela agora luta para conseguir uma vaga na creche para o seu segundo filho para então, voltar a procurar emprego em tempo parcial.

Uma solução encontrada por algumas famílias alemãs é a contratação de uma *Au-pair*, que são jovens estrangeiros, geralmente do sexo feminino, que vão para outros países para morar e trabalhar em casas de família. Geralmente, nessas contratações, os jovens têm que ajudar a cuidar das crianças e nas tarefas domésticas; em contrapartida, além de uma remuneração base de 310 euros mensais[24], eles têm a chance de conhecer uma nova cultura, de aprender ou aprimorar o idioma. Tive a oportunidade de fazer curso de alemão com várias *au-pairs* de diversas nacionalidades, algumas que, apesar da pouca idade, cuidavam dos filhos dos empregadores com muito zelo e dedicação, mas, outras, entretanto, que não tinham o menor interesse e comprometimento com o emprego. Quanto aos empregadores, ouvi casos de muito sucesso com as *au-pairs* e, também, histórias horríveis. De qualquer forma, o que me incomodava nessa solução era o fato de as *au-pairs* poderem permanecer no máximo um ano nas casas em que eram contratadas. Depois desse período, a sorte seria novamente lançada. Para as famílias estrangeiras, além de tudo, essa não é uma opção, pois como mencionei anteriormente, esse é um programa para também se aprender o idioma, e as famílias que não falam o alemão em casa, não podem se candidatar para usufruir desse serviço, cujos custos são muito atraentes. Das famílias que conheci, apenas em uma os dois cônjuges trabalhavam em tempo integral e as crianças ficavam sob os cuidados da *au-pair*. As demais *au-pairs* que conheci trabalhavam em casas de famílias muito abastadas em que apenas um dos cônjuges exercia sua atividade profissional.

Enfim, continuei a minha busca por um emprego em tempo parcial. Vi que o instituto em que eu trabalhava no Brasil tinha um acordo de cooperação com uma universidade próxima do local onde morávamos. Apesar dessa cooperação ter se estabelecido na área de Aeronáutica, resolvi usar essa conexão para me apresentar. Fui muito bem recebida e a existência de um edital aberto para pesquisas na área de Mudanças Climáticas abriu a oportunidade de escrevermos e submetermos um projeto de cooperação envolvendo algumas instituições parceiras do Brasil e da Alemanha. Se nosso projeto fosse selecionado, eu poderia trabalhar na sua execução com uma bolsa de pesquisa em tempo parcial. Infelizmente, para mim, outro projeto foi escolhido. Para o meu alívio, entretanto, o empenho empregado naquele trabalho não foi em vão. Alguns meses depois, fui convidada para participar como pesquisadora em um projeto que já estava em andamento na universidade.

Depois de um ano e meio de tentativas, enfim tinha dado certo! Estava muito feliz! Um sonho realizado! Apesar de trabalhar apenas 20 horas por semana, tinha uma rotina corrida. Saía cedo de casa, pois o trajeto de ônibus e de trem demorava 1h30, e não adiantava muito ir de carro, por causa dos congestionamentos. Eu fazia questão de adicionar 30 minutos ao meu tempo de permanência na universidade, para poder almoçar e interagir com os colegas, no entanto, às 14h tinha que sair, pois às 15h30 as crianças chegavam em casa. Como elas iam para casa a pé, sozinhas, eu ganhava alguns minutos desse trajeto. O problema era quando acontecia algum imprevisto com um dos trens ou com o ônibus. Eu ficava angustiada! Deixávamos uma chave acessível para nossos filhos poderem entrar em casa, mas, apesar de na Alemanha as crianças serem incentivadas a ter autonomia desde pequenas, pelo que eu me informei não há uma lei específica sobre a idade mínima em que as crianças podem ficar sozinhas em casa. Já li artigos em que isso é possível, sob determinadas condições, a partir dos 7 anos de idade[25]. É claro que em um eventual acidente, os pais são os responsáveis. Nós, como pais estrangeiros, não queríamos correr nenhum risco. No Brasil, a recomendação é de não deixar crianças menores que 14 anos sozinhas em casa; e se fizer isso, corre-se o risco de ser processado por abandono de incapaz.

——

Eu estava ainda intrigada com o tema sobre conciliação entre família e carreira, e curiosa para saber como isso era feito no meio acadêmico. Éramos um grupo de aproximadamente 20 pessoas no Instituto, contando com o pessoal da área técnica, éramos 7 mulheres. Eu era a única que trabalhava 20 horas por semana. Um colega que tinha dois filhos pequenos trabalhava 30 horas por semana e os demais, trabalhavam em tempo integral. Entre as mulheres, além de mim, mais duas tinham filhos pequenos. Como elas se tornaram minhas amigas, acabei perguntando como elas conseguiam conciliar família e trabalho em tempo integral. Além do sistema de creches em Hamburgo ter uma cobertura maior do que em outras cidades, cada uma podia contar com a ajuda dos maridos, que não estavam trabalhando em tempo integral, ou com a ajuda de familiares.

Em uma certa ocasião, um colega de trabalho do meu marido convidou-nos para almoçar na casa dele. Eu já sabia que a esposa dele também tinha seguido carreira acadêmica e concluído o doutorado. Ela trabalhava em tempo integral em uma universidade. Como o marido também trabalhava em tempo integral, e eles tinham 2 filhos pequenos, eu estava curiosíssima para descobrir como o casal conseguira encontrar uma solução para conciliar carreira e família. Para a minha decepção, uma vez que eu não conseguiria reproduzir a solução por eles encontrada, a esposa contou-me que os seus sogros tinham um quarto reservado na casa deles e ficavam de domingo a 5ª feira ali hospedados para ajudar com as crianças. Ela me contou, também, que não conhecia mais nenhum casal com filhos, que trabalhasse em tempo integral. Além disso, ela atuava na administração de projetos da universidade e não com pesquisa, pois sabia que nesta prática ela teria que dedicar mais tempo às atividades científicas, mesmo quando estivesse fora do horário de expediente.

Descobri, também, que nos Estados da antiga Alemanha Oriental são oferecidas mais vagas nas creches, com relação às cidades do lado oeste, e o horário de atendimento às crianças é mais estendido. Esse sistema de creches foi estabelecido na época do regime comunista, para que as mulheres pudessem também compor a força de trabalho em tempo integral. No meu entender, mais por interesses políticos e econômicos, do que por uma luta de diretos de equidade entre homens e mulheres. Esse modelo, entretanto, permaneceu mesmo depois da reunificação da Alemanha, em 1989. De acordo com uma estatística levantada em 2017[26], nas famílias com filhos menores de idade, cujos pais tinham uma ocupação remunerada, nos Estados da antiga Alemanha Oriental (incluindo Berlim), em 46,2% dos casos ambos os pais trabalhavam em tempo integral, enquanto nos Estados ocidentais esse número era de 21,5%. Ou seja, na antiga Alemanha Oriental, tal porcentagem é mais que o dobro que no lado oeste, e o conceito de *Rabenmutter* não deve acometer tanto as mulheres por lá.

———

De volta ao meu trabalho na universidade, com o passar dos meses, apesar da plena compreensão do professor chefe do Instituto, sentia-me culpada e frustrada por não conseguir participar dos muitos eventos que ocorriam no período da tarde. Como eu deixava o trabalho às 14h, não conseguia participar de algumas reuniões, *workshops*, aulas, palestras, defesas de mestrado ou doutorado. Pelo menos uma vez por mês, em média, sempre ocorria alguma atividade da qual eu não poderia me ausentar e, nesse caso, precisava programar com o meu esposo para que ele fosse para casa mais cedo. O problema era quando algum outro evento se prolongava além do previsto. Nesse caso, eu tinha que pedir licença e sair. Essa é uma situação que nem todos compreendem, principalmente os que não tiveram filhos ou que não tiveram que passar por isso. Tenho que confessar que eu mesma, antes de ter filhos, não era empática o suficiente para compreender adequadamente situações como essa. Um atraso de dez minutos pode não ser significativo para quem não tem filhos dependentes; perde-se, porventura, um ônibus, mas pega-se o próximo. No entanto, um atraso dez minutos de atraso para pegar uma criança pequena na creche ou na escola pode ser traumatizante para ela. Conversei com uma brasileira que teve o seu filho de 3 anos deixado do lado de fora da creche na Alemanha. Essa mãe fazia doutorado e devido à baixa oferta de creches em tempo integral, teve que matricular a criança em uma cidade próxima. Como ela dependia de transporte público e, por algum motivo, chegou 20 minutos atrasada para buscar o filho, não tiveram dúvidas: encerraram o expediente, fecharam a creche e deixaram a criança para o lado de fora, na neve!! No dia seguinte, quando a mãe foi conversar na creche sobre o ocorrido, a diretora ameaçou chamar a polícia ou o conselho tutelar para denunciar a mãe por negligência.

Essa mesma brasileira, que encerrou o seu doutorado em Biomecânica com nota máxima e uma condecoração por ter sido a primeira estrangeira a defender a tese em alemão, ao procurar um emprego na sua área de conhecimento, recebeu várias negativas, principalmente pelo fato de ser mulher e ter um filho [*sic*]. De fato, ela pôde sentir de perto a realidade de que, quanto mais alto o posto de trabalho, menor o número de mulheres presentes. Na Alemanha, essa é a realidade também na área acadêmica. Em 2017, apenas um em cada quatro professores de nível superior na Alemanha era mulher[27] e elas, em média, ainda ganhavam menos[28]. Eu gostaria de saber, dentre essas, quantas são mães e de quantas o marido teve que renunciar à sua própria carreira. Talvez a maioria delas trabalhe na antiga Alemanha Oriental. Enfim, essa brasileira retornou ao Brasil, conseguiu passar em um concurso para professora em uma universidade pública e hoje é uma referência nas pesquisas que desenvolve. Realizada profissionalmente, ela não cogita a possibilidade de voltar a morar e trabalhar na Alemanha.

A dificuldade de conciliar carreira profissional e vida familiar pode estar contribuindo para as baixas taxas de fecundidade, principalmente entre as mulheres com maior nível de escolaridade, tanto na Alemanha, quanto no Brasil[29]. Em 2016, na Alemanha, 20% das mulheres sem uma graduação não tinham filhos, enquanto entre as graduadas, essa taxa era de 27%[30]. Apesar de ter caído 1% desde 2012, esses índices são bastante elevados e preocupantes. Segundo pesquisas do Instituto Alemão de pesquisas Demográficas (Bundesinstitut für Bevölkerungsforschung), 50%

das mulheres que não tinham filhos desejavam tê-los, porém, ou adiaram demais o sonho por conta da carreira ou não acharam um companheiro[31].

Auxílios financeiros e uma maior oferta de creches com um tempo de atendimento estendido têm sido oferecidos pelo governo alemão na busca de tentar aumentar as taxas de fecundidade. Alguns benefícios, entretanto, como um tempo de licença-maternidade prolongado, se não alternado com uma licença-paternidade obrigatória, pode-se voltar como uma desvantagem para a mulher na hora de concorrer a uma vaga de emprego.

Outro estudo feito pela Organização para a Cooperação e Desenvolvimento Econômico (OCDE) em 2019, citado em uma reportagem do *Süddeutsche Zeitung*[32], afirma que, na Alemanha, considerando os profissionais que não possuem nível superior, o salário das mulheres representa 86% do salário dos homens, em média, enquanto para os profissionais graduados, o salário das mulheres representa 74%, ou seja, o *gender pay gap* é maior, quanto mais qualificado é o profissional. A reportagem ainda cita que um terço das mulheres graduadas trabalha em tempo parcial e em profissões que geralmente não são bem remuneradas. É citado como exemplo o caso de professores de escolas primárias, em que 9 de cada 10 profissionais são mulheres, que recebem 10% a menos que a média das profissões de nível superior. Em comparação com os professores de escolas de ensino médio, em que 6 de cada 10 profissionais são mulheres, os professores de escolas primárias trabalham mais horas e recebem menos.

A dificuldade de conciliar carreira e família repete-se em outros países. Na greve feita pelas suíças, em junho de 2019, contra a lacuna de equidade de gênero[33], por exemplo, elas afirmavam que a despesa com os cuidados infantis na Suíça é tão exorbitante que, a menos que ambos os parceiros tenham altos salários, faz mais sentido um deles permanecer em casa. Elas afirmavam, que essa renúncia é esperada da mãe, e não do pai. Além disso, não se pode trabalhar meio expediente em muitas profissões. Outra questão abordada pelas manifestantes foi a licença parental. Elas afirmavam que os 14 meses de licença-maternidade pesam de forma negativa na contratação das mulheres, frente à inexistente licença-paternidade.

———

Ao retornar à minha rotina de mãe e profissional na Alemanha, além das horas que passava na universidade, eu acabava levando para casa artigos ou teses para ler e aulas para preparar. A quantidade de tarefas para realizar em casa tinha aumentado significativamente, bem como o estresse. Na Alemanha, diferente do Brasil, os serviços são caros e acabamos fazendo nós próprios muitas coisas, tais como limpeza e jardinagem. Diminuímos as idas a restaurantes e acabávamos preparando a maioria das nossas refeições em casa. Apesar de o meu marido sempre dividir as atividades domésticas comigo, sempre havia muitas coisas para eu fazer.

Quanto ao aspecto econômico, o meu salário não tinha ajudado muito para incrementar a nossa renda. Somando as despesas que eu tinha por causa do trabalho, tais como transporte, alimentação, roupas, recreação assistida das crianças no período da tarde e almoço das crianças, não sobrava muito. Além de tudo, ao somar o meu salário com o do meu marido, a renda familiar tinha aumentado e passamos a pagar uma porcentagem maior de imposto! Ou seja, desmotivador. Esse é um exemplo claro de como as políticas públicas influenciam nas dinâmicas e decisões familiares. Uma vantagem que eu tinha, entretanto, era a de estar contribuindo para a minha previdência.

Por conta das oportunidades restritas de trabalho em tempo parcial e dos altos impostos, muitas mulheres na Alemanha optam por um tipo de emprego chamado de *mini-job*. Estes são empregos simples, de poucas horas semanais (no máximo 12, considerando o salário mínimo de 9,19 euros/hora), cujos salários não ultrapassam 450 euros mensais e são livres de impostos. Entretanto, a contribuição para a previdência é ínfima. Uma amiga que trabalha como tradutora, fica controlando o seu volume de trabalho para que não ultrapasse a cota de 450 euros. Em uma ocasião em que isso aconteceu, além dos inúmeros impostos pagos, ela foi obrigada a sair do plano de saúde do marido, tendo com isso, um custo adicional de mais de 270 euros mensais. Ou seja, o valor líquido restante foi muito menor do que se ela tivesse trabalhado menos e ficado no limite de 450 euros. O fato de os *mini-jobs* terem o recolhimento muito baixo para a Previdência Social tem colaborado, dentre outros fatores, para que muitas mulheres apresentem dificuldades financeiras durante a velhice. Percentualmente, existem na Alemanha mais mulheres acima de 65 anos em situação de pobreza do que homens[34]. O valor recebido por mulheres pensionistas na Alemanha é, em média, 26% inferior ao recebido por homens[35]. A disparidade nos planos de previdência começa a aumentar por volta dos 35 anos, quando a participação feminina no mercado de trabalho diminui drasticamente após a chegada dos filhos. Até esse ponto, homens e mulheres se encontram em trajetórias semelhantes rumo a planos de previdência quase idênticos. O trabalho em tempo parcial, que teoricamente seria um modelo ideal para melhor conciliar carreira e família, torna-se um pesadelo para muitas mulheres, principalmente em casos de morte do cônjuge ou de separação, situação em que a renda familiar pode cair drasticamente, já que esta se concentra basicamente em uma pessoa. De certa forma, voltamos aos problemas de dependência financeira que muitas mulheres da geração da minha mãe e da minha avó enfrentavam.

Ao analisar os números apresentados no relatório de disparidade de gênero do estudo desenvolvido pelo Fórum Econômico Mundial de 2020, parece haver uma relação inversamente proporcional entre a porcentagem de mulheres empregadas em tempo parcial e a porcentagem de mulheres que ocupam cargos de chefia. De acordo com esse relatório, em 2018 e 2019, na Alemanha, 57,5% das mulheres com um emprego remunerado trabalhavam menos do que 35 horas semanais e na Holanda, 75,8%; enquanto que no Brasil esse percentual era de 35,5% e nos Estados Unidos, 28,0%. Entretanto, na Alemanha, para os mesmos anos, apenas 29,4% dos cargos de legisladores, chefia e gerência eram ocupados por mulheres e 25,7% na Holanda; enquanto que no Brasil esse percentual era de 39,6% e nos Estados Unidos, 40,7%.

Entre as mulheres que são mães de menores de idade, a porcentagem das que trabalham apenas em tempo parcial, na Alemanha, é muito maior. Segundo estatísticas do Destatis[36], em 2017, essa porcentagem era de 69%, enquanto o percentual pais de crianças menores era de apenas 6%. Ao analisar, separadamente, os Estados da antiga Alemanha Oriental, a porcentagem de mães de menores que trabalhavam em tempo parcial era de 49%, enquanto nos Estados do Oeste era de 74%.

Em 2017, uma reportagem[37] no *Die Zeit* apontou que dentre os 30 países membros da OCDE, a Alemanha era o que apresentava a menor participação das mulheres com filhos na renda familiar (23%).

Ainda de acordo com dados da Destatis[38], em 2017, o principal motivo das mulheres trabalharem em tempo parcial era o de cuidar dos filhos (31%) ou por conta de obrigações familiares (18%), enquanto o principal motivo para os homens trabalharem em tempo parcial era o de estar cursando um aperfeiçoamento profissional (25%). Segundo a pesquisa, a diferença entre salário de homens e mulheres na média era, em 2017, de 21% (enquanto a diferença na antiga Alemanha Oriental era de apenas 7%), sendo, 75% dessa diferença decorrente de questões estruturais, como a baixa remuneração das profissões geralmente escolhidas pelas mulheres (causa ou consequência?), baixa quantidade de mulheres em posições de chefia e a ocupação em tempo parcial ou *mini-jobs*. Os 25% restante correspondem à disparidade salarial de gênero corrigida, ou seja, ao pagamento de salário inferior à mulher em relação ao homem, para uma mesma atividade e uma qualificação equivalente. Em 2014, as mulheres ganhavam em média 6% a menos do que os homens nas mesmas funções e com qualificações equivalentes. É muito injusto!

———

Voltando à minha história, passados 4 meses em que eu estava trabalhando, meu marido recebeu a notícia de que o projeto que ele estava trabalhando, de cooperação Brasil-Alemanha, acabaria abruptamente e que em menos de um mês deveríamos voltar ao Brasil. A empresa em que ele trabalhava iria encerrar as suas atividades e ele seria demitido. Na Alemanha, as crianças estavam no meio do ano letivo e a nossa vida estava organizada. Era início de 2018. A situação econômica no Brasil estava bastante difícil, o índice de desemprego estava alto, bem como a criminalidade. Eu ainda tinha um ano de licença do meu emprego como professora no Brasil. Na Alemanha, uma referência mundial de desenvolvimento tecnológico, a oferta de empregos na área de atuação do meu marido era grande. Resolvemos então permanecer na Alemanha por mais um ano. Após se candidatar para vagas em algumas empresas, meu marido conseguiu um emprego em outra cidade, 500 km distante de nossa residência. Como o salário dele era bem superior ao meu e, ao contrário do meu emprego, era um trabalho sem prazo para se encerrar, decidimos nos mudar. Eu esperei o final do ano letivo das crianças, finalizei a primeira etapa do projeto no qual eu estava trabalhando e então pedi para cancelar o meu contrato 7 meses antes do encerramento. Estava triste por abrir mão mais uma vez do meu trabalho, mas feliz pelos resultados que eu tinha alcançado, mesmo trabalhando um número de horas reduzido. Montamos uma disciplina *on-line* sobre adaptações às mudanças climáticas na área de engenharia hidráulica e finalizamos as atividades com a primeira turma piloto.

Em meados de 2018, fizemos a nossa mudança. Novamente teria que ajudar na adaptação da nossa família naquele novo destino: procurar escola para as crianças e a possibilidade de recreação assistida no período da tarde, além de buscar atividades de esporte, escolher médicos, enfim, reconstruir a nossa infraestrutura. Para o Peter, que iria começar o ginásio (5º ano), as aulas iriam até às 14h40. Era possível, ainda, permanecer na escola, com a presença de monitores, até às 15h30. As aulas da Sofia terminariam às 12h30. Procurei então para ela um serviço de recreação para o período da tarde e o grupo que havia disponível na cidade atendia até às 14 ou até às 17h. Entramos na fila de espera para conseguir uma vaga no grupo das 14h e depois de 2 meses conseguimos. A disponibilidade de vagas para o período da tarde atendia apenas a um terço das crianças matriculadas na escola primária da cidade, que era a única. O custo seria maior do que pagávamos anteriormente até às 15h.

Após alguns meses, com tudo encaminhado, comecei a refletir sobre minha vida e as possibilidades que eu via para o meu futuro e o futuro da nossa família. Até cheguei a fazer uma entrevista de emprego para uma vaga de gerente de projetos em uma universidade. Apesar de não ser algo diretamente relacionado com a minha formação, tinha bastante chance, pois só havia dois candidatos. Porém, a vaga era para tempo integral. Na entrevista, disse que eu conseguiria disponibilizar 30 horas para o trabalho. Resultado: não fui a candidata escolhida.

Embora minha licença do trabalho no Brasil fosse vencer em julho de 2019, gostaria de tomar uma decisão sobre o nosso futuro até o final de 2018, para que o Instituto tivesse tempo hábil para encontrar outra pessoa para colocar no meu lugar e assumir as disciplinas que eu ministrava, uma vez que durante a minha licença, foi estabelecida uma solução provisória.

Eu estava dividida. No Brasil eu tinha uma carreira de sucesso, mas não tinha muito tempo para a família. Já não me imaginava voltando àquela rotina de não poder conviver com meus filhos. Por mais que as crianças, com então 8 e 10 anos de idade, já fossem independentes nas atividades do dia a dia, ainda precisavam de muito apoio emocional. Sinto que as demandas trazidas para casa pelas crianças a partir dos 7 anos de idade, decorrentes do convívio social ou do próprio desenvolvimento psicoemocional, são complexas, e dificilmente atendidas por terceiros. E nos dias de hoje, o que fazem as crianças quando estão sozinhas em casa? Salvo algumas raras exceções, ficam conectadas em aparelhos eletrônicos 100% do tempo. Não me considero uma mãe superprotetora, mas não posso fechar os olhos para os diversos problemas que têm ocorrido pela falta de convívio de pais e filhos, e pela exposição exagerada a aparelhos eletrônicos e redes sociais, alguns dos quais já citados anteriormente.

Se voltássemos ao Brasil, deveria então pagar uma escola integral para os dois filhos, o que comprometeria uma grande parte da renda familiar. Outra opção seria a de contratar uma empregada para ficar em casa com as crianças enquanto elas não estivessem na escola. Conseguiria, então, achar alguém de confiança, que pudesse contribuir para o desenvolvimento educacional e emocional das crianças?

Estaria realmente fazendo isso pela minha satisfação pessoal como profissional ou pelo *status* de ter uma profissão reconhecida e respeitada, somado ao possível acréscimo no poder de consumo?

Na Alemanha não teria uma carreira tão proeminente, entretanto, teria mais tempo para a família. Com alguma sorte, conseguiria um emprego mediano em tempo parcial. Porém, para mim era injusto esse modelo em que um dos cônjuges, geralmente a mulher, acaba abrindo mão de sua carreira para dar apoio à família. Eu também não estava feliz com esse modelo. Eu não concordava com o cerceamento das minhas possibilidades e o desapreço às minhas qualificações e competências. Deveria abrir mão da minha realização profissional em prol da família? Não era justo!

Qual seria então a solução para que as pessoas pudessem encontrar equilíbrio entre vida profissional e familiar? Uma solução em que as mulheres pudessem realmente ter as mesmas oportunidades que os homens, mesmo nas famílias que optaram por ter filhos?

5. A proposta: 30 horas semanais

It's so silly to think of a 40-hour workweek when work is not a place or time. It's an activity.

É tão tolo pensar em uma semana de trabalho de 40 horas quando o trabalho não é um local ou horário. É uma atividade. (Tradução livre)

— Lasse Rheingans

Depois da mudança da nossa família para a Alemanha, passei a me questionar se o modelo predominante, adotado no Brasil e em diversos outros países, em que ambos os pais trabalham em tempo integral é realmente adequado para os pais e filhos. O modelo prevalente na Alemanha, em que um dos cônjuges trabalha em tempo parcial (geralmente a mulher), é, para mim, totalmente injusto para o desenvolvimento profissional daquele que tem a jornada de trabalho reduzida. Observando as consequências negativas de cada padrão social, para o indivíduo e para a coletividade, retratadas nas queixas de amigos ou de parentes próximos, eu já não concordava plenamente com esses modelos e não conseguia mais me encaixar bem em nenhum deles.

Eu tinha a concepção de um modelo que considerava ideal, e que em princípio parecia utópico. Porém, após aprofundar as pesquisas no assunto, vi que a ideia não é absurda, pois tem muitos fundamentos e já conta com alguns casos de sucesso. De acordo com meu entendimento, para que seja possível promover equidade de gênero, bem como proporcionar uma sociedade saudável, em que haja equilíbrio entre vida pessoal e profissional, a jornada de trabalho semanal deve ser de 30 horas para todos, sem redução de salário.

Vamos aos fatos.

30 horas semanais e o equilíbrio entre carreira e vida pessoal (work-life balance)

Primeiramente, pesquisei quais eram as origens da jornada de trabalho de 40 horas semanais e constatei que essa é uma prática adotada há mais de 100 anos. No início do século 19, com a revolução industrial e graças à invenção da iluminação artificial, as jornadas de trabalho ultrapassavam 60 horas semanais. As péssimas condições de trabalho do proletariado somadas à baixa remuneração fizeram eclodir no final desse século vários protestos.

Em 1º de maio de 1886, trabalhadores de Chicago, nos Estados Unidos, iniciaram uma greve reivindicando uma redução da jornada de trabalho para 8 horas diárias. Nos dias subsequentes, os protestos se escalaram e conflitos dos manifestantes com a polícia resultaram em diversos mortos e feridos. Em homenagem às vítimas desses protestos, vários países começaram a adotar, então, o dia 1º de maio como o feriado em comemoração ao dia do trabalho. Até hoje, trabalhadores de diversos países aproveitam essa data para protestar e reivindicar melhores condições de trabalho. Em meados da década de 1920, Henry Ford, fundador da companhia de motores Ford, foi um dos primeiros empresários nos Estados Unidos a reduzir a jornada de trabalho para 40 horas semanais. Em pouco tempo, a empresa obteve um maior incremento nos lucros.

Assim, sendo a jornada de trabalho de 8 horas diárias tida como uma conquista alcançada em muitos países entre o final do século 19 e início do século 20, ela ainda é válida para o mundo contemporâneo? Não me parece razoável responder afirmativamente a essa questão uma vez que a organização familiar, a mobilidade urbana e, principalmente, os tipos de serviços executados eram completamente diferentes do que temos hoje em dia.

O crescimento do uso de tecnologias de informação (TI), disseminado com o uso de smartphones, mudou a maneira como interagimos, aprendemos e trabalhamos. Embora a TI tenha proporcionado um aumento na produtividade, não existe mais fronteiras rígidas de espaço e de tempo para o trabalho. O uso intenso de TI requer maior velocidade de trabalho, em um número maior de tarefas simultâneas (multi-tasking), causando distúrbios na rotina de trabalho e superexposição à informação, que podem ter como consequência um aumento da ansiedade e frustração que, potencialmente, com o passar do tempo, levam ao burnout[39], que se caracteriza pela exaustão emocional, sentimentos de não realização pessoal e despersonalização, decorrente de estresse crônico no ambiente de trabalho. Em maio de 2019, a Organização Mundial da Saúde (OMS) incluiu o burnout na classificação internacional de doenças[40].

Na Alemanha, 80% dos empregados que trabalham em tempo integral se queixam de estar constantemente sob estresse e 1, em cada 5, já passou por um burnout[41]. Os números de casos de transtornos causados por estresse, tal como depressão, vêm crescendo a cada ano.

Segundo a Agência Federal Alemã para Proteção e Medicina do Trabalho[42], para se adaptar ao que eles chamam de ambiente de trabalho 4.0, imerso em tecnologias digitais, faz-se necessária uma maior flexibilização do horário de trabalho. Essa redução da rigidez dos horários ajuda muito para quem quer conciliar família e trabalho, porém, com jornadas longas a problemática de sobrecarga de trabalho continua existindo. Além dessa flexibilização do horário, a maleabilidade do local de trabalho tem se tornado mais frequente com a prática do home office. Para aquelas pessoas que são disciplinadas e que trabalham bem sozinhas essa é uma boa opção. Porém, nem sempre é uma alternativa adequada para todos. Conversei com uma funcionária, cuja empresa abriu essa possibilidade, e assim, ela optara por trabalhar exclusivamente em home office. A métrica de trabalho passou então a ser estabelecida por uma determinada produção e não mais pela quantidade de horas. Ela afirmou que a meta de produção era tão elevada que passara a trabalhar mais horas do que trabalhava anteriormente no escritório e, assim que fosse possível, iria solicitar para retornar ao modelo convencional. Para aqueles que veem o home office como uma solução para conciliar trabalho e família, atenção, pois essa não é uma alternativa que funciona para todos. Pela minha experiência, se eu tiver que trabalhar e, concomitantemente, cuidar de crianças, independentemente da idade, a minha produtividade despenca. Quando as crianças estão em casa e me sento ao computador para trabalhar, a cada 15 minutos em média elas me chamam. Isso me deixa bastante irritada e quando tenho algo para fazer que exige muita concentração, prefiro nem começar. Esse mesmo relato escuto de diversos colegas. Quando o acesso a aparelhos eletrônicos é liberado para as crianças, eu consigo trabalhar sem interrupções, mas isso não é algo que considero uma boa opção a ser adotada com frequência ou por um período delongado.

Se a flexibilização não resolve todos os problemas da sobrecarga de trabalho e conciliação com a vida pessoal, talvez a redução na jornada de trabalho seja a solução. Mas qual seria a jornada de trabalho ideal? Um estudo feito pela Universidade de Melbourne em 2016[43] mostra que, quando a jornada de trabalho ultrapassa 25 horas semanais para trabalhadores acima de 40 anos, um aumento na carga de trabalho tem um impacto negativo na capacidade cognitiva, que está relacionada com o processamento da informação, atenção, percepção, memória, resolução de problemas e compreensão. Com a perda da capacidade cognitiva, há uma queda na produtividade e aumento da probabilidade de falhas.

Uma pesquisa[44] do Instituto de Pesquisas Sociais e Econômicas (WSI – Wirtschafts- und Sozialwissenschaftliches Institut), com dados do órgão de pesquisa europeu (Eurostat), feita em 2007 pelo especialista em mercado de trabalho e chefe do Instituto, Hartmut Seifert, mostra que, para os países europeus, existe uma relação inversamente proporcional entre carga horária de trabalho e produtividade por hora. Se numa extremidade a Bélgica apresentou um índice de 126,8% em relação à produtividade média europeia (EU-15[III]) por hora trabalhada, para uma jornada de trabalho semanal média de 35,3 horas, na outra, a Bulgária com uma

---

[III]   Países que compõem a EU-15: Alemanha, Áustria, Bélgica, Dinamarca, Espanha, Finlândia, França, Grécia, Holanda, Irlanda, Itália, Luxemburgo, Portugal, Reino Unido e Suécia.

jornada de 40,7 horas semanais apresentou uma produtividade por hora de apenas 30,4% em relação à mesma média europeia. O autor ainda afirma que a maior produtividade se dá pela maior capacidade de concentração e desempenho, e pela redução de falhas.

Algumas empresas já ousaram reduzir a jornada de trabalho e muitas obtiveram êxito. Apresento a seguir alguns desses casos. Em novembro de 2017, o empresário Lasse Rheingans, da empresa Rheingans Digital Enabler[45] de tecnologia da informação, foi o primeiro na Alemanha a aplicar o modelo de 5 horas por dia, sem redução de salário e mantendo os demais benefícios. O principal objetivo de Lasse era o de alcançar um melhor balanço entre trabalho e vida pessoal. Ele foi inspirado pelo empresário Stephan Aarstol, dono da startup Tower Paddle Boards, de São Diego, Estados Unidos, que foi um dos pioneiros na implantação da jornada de trabalho de 5 horas[46], em 2015. Para não comprometer o equilíbrio financeiro da empresa com a redução da jornada de trabalho, o empresário alemão teve que promover algumas mudanças na sua empresa. Com o encerramento do expediente às 13h, todos os funcionários tiveram que tornar as horas de atividades mais eficientes. Assim, aboliram as conversas de cafezinho sobre os jogos do final de semana, desligaram as notificações de mensagens de redes sociais, por exemplo, e checavam e-mail apenas 2 vezes por dia. Além disso, otimizaram os processos de comunicação, reduzindo, por exemplo, reuniões de 1 hora para 15 minutos. Num primeiro momento, os empregados se sentiram sob pressão, mas, depois que passaram a gerenciar melhor o seu tempo, tornaram-se mais motivados, relaxados e mais felizes. Nenhum deles quer voltar ao modelo anterior. Com a mudança, alguns funcionários puderam retornar aos seus hobbies, como prática de mountain bike ou aulas de piano, e tiveram a oportunidade de fazer uma alimentação mais saudável. O empresário relata ainda que o novo modelo beneficiou muito os pais com filhos, e que em 2018, dos 13 funcionários, 6 eram mulheres. Além da empresa ter se tornado mais produtiva, ela obteve a primeira colocação no XING New Work Award de 2019, promovido pela rede social de contatos profissionais XING. Os detalhes dessa inovadora história de sucesso estão descritos em seu livro, lançado em 2019: Die 5 Stunden Revolution[47] (A revolução das 5 horas, em tradução livre).

Um dos receios de Lasse Rheingans era o de como os seus clientes iriam receber as novas mudanças, com um horário de atendimento mais restrito. Lasse conta que sua empresa, por ajudar os seus clientes a impulsionar os seus negócios através da digitalização, serviu de modelo de como os processos podem ser otimizados e com isso, as mudanças foram bem aceitas. Além disso, eu ressalto que é possível, sim, as pessoas se adaptarem a novos horários de atendimento. Logo que chegamos à Alemanha, há 4 anos, eu achava incômodo não ter o comércio aberto aos domingos. Os paulistas conseguem imaginar os domingos com as lojas dos shopping centers fechadas? Para mim, o que atrapalhava era não poder ir ao supermercado. Mas eu me adaptei rapidamente e, hoje, isso não me incomoda mais. Algo que para mim também era estranho, é que alguns consultórios médicos, prestadores de serviços e pequenos comércios têm horários específicos de atendimento. Não adianta supor que por ser horário comercial, estará tudo funcionando. Adaptei-me. Antes de sair de casa, sempre dou uma rápida checada na internet nos horários de atendimento. Claro que os serviços de emergência ou essenciais devem continuar operando 24 horas por dia, 7 dias por semana! E os impactos de uma jornada de trabalho reduzida nesses estabelecimentos podem ser diferentes, como abordado adiante.

Em 2018, a empresa austríaca de marketing online eMagnetix[48] reduziu a jornada de trabalho semanal de seus funcionários para 30 horas, e manteve o salário integral. O objetivo era o de atrair novos talentos, principalmente os Millennials, que são os jovens nascidos entre o começo dos anos 80 e final dos anos 90. Para não ter a produção reduzida, os funcionários tiveram que otimizar os seus processos em relação ao tempo, moderando as distrações. O resultado foi bastante positivo, com um aumento da motivação e da satisfação dos funcionários após eles perceberem que lhes restava um tempo livre bastante valioso[49]. Em 2019, essa empresa ganhou o prêmio de melhor lugar para se trabalhar na Áustria e o 5º melhor da Europa, na categoria de microempresas.

Nos casos apresentados até agora, percebe-se que, com a redução na jornada de trabalho, surge a necessidade de se aumentar a produtividade, por meio da otimização do tempo de trabalho. No livro Re-engineer your workday: create time for life[50] (Reengenharia da sua jornada de trabalho: crie tempo para a vida, em tradução livre), a australiana Rowena Hubble, após ter se empenhado por alguns anos para conciliar sua carreira de executiva e as tarefas de ser mãe de dois filhos, dá dicas de como otimizar o tempo de trabalho para alcançar equilíbrio entre carreira e vida pessoal. Durante alguns anos, Rowena finalizava seu expediente às 15h40 no escritório para conseguir buscar os filhos às 16h na creche, porém recomeçava a jornada com algumas horas adicionais de home office no final de cada dia.

Outro caso de sucesso de redução de jornada de trabalho pode ser visto na Suécia. Desde 2002, o centro de serviços automotivos da Toyota, em Gothenburg, tem a jornada de trabalho dos mecânicos reduzida de 8 para 6 horas diárias, com pagamento integral. Os empregados foram divididos em dois turnos, ampliando o horário de atendimento das 6h às 18h. A medida foi tomada diante da longa fila de espera dos clientes, dos funcionários estressados e do grande número de falhas. A mudança proporcionou maior produtividade, menor rotatividade de funcionários, com maior satisfação e um aumento de 25% nos lucros[51].

Também na Suécia, um outro caso não obteve os mesmos

resultados. Em 2015, foi realizado um experimento monitorado na casa de repouso Svartedalens, em Gothenburg, em que a jornada de trabalho das enfermeiras foi reduzida para 6 horas diárias. Nos 2 anos do experimento, as enfermeiras tiveram menos dias de licença médica do que anteriormente ao experimento, e menos do que o grupo de controle, que continuou trabalhando 8 horas. A qualidade dos serviços prestados com a jornada reduzida aumentou. Porém, o incremento dos custos, acarretado pela contratação de 17 novas enfermeiras, inviabilizou a continuidade do experimento. Entretanto, não foi levada em consideração a redução dos custos obtida com a melhora da saúde das enfermeiras, com a probabilidade de redução de falhas e, muito menos com a economia de longo prazo[52]. A ministração de um medicamento errado ou a execução de um procedimento equivocado pode acarretar altos custos de remediação; processos contra o estabelecimento, ou até mesmo, sequelas irreversíveis nos pacientes ou, ainda, ocasionar-lhes a perda da vida. Pode-se observar por esse experimento que, para algumas profissões, a redução da jornada de trabalho pode implicar a elevação dos custos diretos para o empregador, sem ocorrer necessariamente uma elevação da renda. Porém, os benefícios indiretos e as economias de longo prazo podem compensar o investimento. Nesses casos, uma política pública que diminua os custos diretos como, por exemplo, a redução de encargos trabalhistas pagos pelo empregador pode ser uma alternativa para promover a redução da jornada de trabalho. Os benefícios de longo prazo, decorrentes de uma sociedade mais saudável, podem também promover economias em nível de Estado.

Os custos de enfermidades mentais não podem ser desprezados. Em junho de 2018, na Conferência Anual da Confederação do Sistema Nacional de Saúde da Inglaterra (NHS, sigla em inglês), Paul Farmer, CEO da empresa Mind, afirmou que aproximadamente uma em cada quatro pessoas experimenta um problema de saúde mental no Reino Unido a cada ano[53]. Paul Farmer revelou que essas enfermidades custam à economia do Reino Unido cerca de 99 bilhões de libras por ano e que cerca de 300.000 pessoas deixam o trabalho todos os anos por causa de uma condição de saúde mental. Dentro do NHS, esses custos são em média de 2.000 a 2.200 libras anuais por trabalhador - mais altos do que em qualquer outra parte do setor público.

Ainda que as vantagens oferecidas pela jornada de trabalho reduzida sejam claras, tais como a maior satisfação dos funcionários, maior qualidade do trabalho, maior concentração e menor taxa de falhas, ainda fica a pergunta se esse modelo é aplicável em todos os setores. Segundo a Agência Federal Alemã para Proteção e Medicina do Trabalho[54], os funcionários que trabalham em tempo parcial (menos que 40 horas por semana) são mais motivados e mais produtivos. Em contrapartida, caso seja necessária a contratação de mais funcionários para cobrir um horário de atendimento estendido, pelo lado dos empregadores aumentam os custos e esforços administrativos e de planejamento, bem como de treinamento e aperfeiçoamento. Para os trabalhos em que a produção intelectual e a criatividade são importantes, a redução da jornada de trabalho se apresenta como fundamental.

Ao passar por uma consulta na Alemanha, abordei o assunto com a minha médica. Ela, profissional autônoma, afirmou que além das 32 horas de atendimento no consultório, tinha que fazer os serviços administrativos, de banco e de balanço fiscal, totalizando em média 50 horas de trabalho por semana. Mencionou, ainda, que não teria como reduzir o número de atendimentos, devido aos altos impostos e custos fixos de aluguel e funcionários, nem tampouco terceirizar os serviços contábeis, pois isso acarretaria em um aumento dos custos. Reduzir o tempo de atendimento dos pacientes poderia afetar a qualidade dos seus serviços. Mãe de dois filhos, era ainda a responsável pela maior parte dos afazeres domésticos e do cuidado com as crianças, podendo contar apenas com uma ajudante doméstica 4 horas por semana (na Alemanha, as empregadas domésticas autônomas cobram por hora e não por dia, como no Brasil). O esgotamento estava estampado em seu semblante. Mais uma vez, pude perceber que o trabalho não remunerado doméstico incide desproporcionalmente sobre a mulher, e que os altos encargos sociais encarecem e dificultam a terceirização de serviços.

Para algumas profissões ou cargos de chefia, a demanda por mobilidade dificulta a redução da jornada de trabalho. Pela minha experiência, por exemplo, a atuação do professor universitário não se dá apenas no ambiente da universidade. Participação em congressos, workshops, palestras, reuniões em órgãos administrativos e de conselhos do governo, participação de bancas examinadoras e realização de projetos conjuntos em outras instituições de ensino e pesquisa, trabalhos com a comunidade, entre outros, fazem parte do dia a dia dessa profissão. Tentar encaixar todas as atividades dentro de 30 horas passa a ser um grande desafio, mas acredito que uma otimização do tempo seja possível. De fato, mesmo saindo do ambiente profissional, por se tratar de uma atividade intelectual, eu estava sempre atenta aos noticiários, para poder levar assuntos atuais para os alunos, e aberta a novos conhecimentos, em conversas informais com amigos. Se as 40 horas semanais na universidade e reuniões externas fossem reduzidas para 30, eu poderia ter mais tempo para a minha família ou para a prática de um esporte, mesmo sabendo que, por vezes, teria que levar teses ou artigos para ler em casa à noite, ou provas e trabalhos para corrigir. Se para algumas profissões é difícil reduzir a jornada para 30 horas, acredito que para a maioria não é. E como mostrou o microempresário Lasse Rheingans, é difícil, mas é possível.

Um melhor equilíbrio entre vida profissional e pessoal proporcionada pela redução da jornada de trabalho promove maior satisfação dos funcionários. Work-life balance está em voga.

Estudos mostram que o interesse em ascensão profissional na Alemanha apresentou uma evidente redução. Ser bem sucedido profissionalmente não é mais sinônimo de felicidade. Para muitos empregados, o balanço equilibrado entre carreira e vida pessoal é mais importante. Eles querem mais tempo para a família e para eles próprios[55]. Essa nova maneira de valorizar o tempo tem se mostrado relevante, principalmente, entre os Millennials, também chamados de geração Y[56]. Tempo tem se tornado mais valioso do que dinheiro.

A autora australiana Bronnie Ware escreveu o livro The Top Five Regrets of the Dying[57] (Antes de partir: os 5 principais arrependimentos que as pessoas têm antes de morrer, na versão em português), após trabalhar anos em uma clínica de cuidados paliativos. Segundo a autora, a principal causa de arrependimento citada pelas pessoas que lá estavam foi: "eu deveria ter tido coragem de ter vivido a vida que eu gostaria, e não a vida que os outros esperavam de mim". A segunda maior causa de lamentação foi a de ter trabalhado muito e não ter acompanhado a infância dos seus filhos e, ainda, de não ter aproveitado a companhia dos respectivos cônjuges. Essa foi uma das queixas relatadas por todos os homens que ela havia atendido. Ou seja, work-life balance não é um anseio apenas das novas gerações. O fato é que as gerações anteriores perceberam isso tarde demais, ou não conseguiram provocar uma mudança. Os homens que são pais querem ver os seus filhos crescerem e participar da vida deles. E eles têm muito a acrescentar! Marcos Piangers[58] disponibiliza no seu site diversos vídeos que se difundiram rapidamente nas redes sociais e descreve no seu livro O papai é pop[59] as experiências riquíssimas que tem com suas filhas e, também, ressalta a importância da presença paterna na vida dos filhos.

O meu marido, por exemplo, se queixa de que gostaria de ter mais tempo para a família, mas pedir uma redução da jornada de trabalho, nas condições atuais, acarretaria em uma redução na renda, e implicaria abrir mão de sua progressão na carreira, ou pelo menos uma desaceleração, haja vista que todos os seus colegas na empresa trabalham em tempo integral. Em meio à competitividade presente entre os funcionários das empresas, acirrada a partir do final do século 20 com a globalização, é difícil que a iniciativa de redução da jornada de trabalho parta dos funcionários. Isso nos países em que é possível. No Brasil, não há uma legislação que garanta esse direito aos funcionários. Existe uma sensação de insegurança em que o indivíduo procura ser o melhor, não só para enriquecer, mas também para permanecer no emprego.

Na França, em 2000, com o intuito de gerar novas vagas de trabalho, a jornada de trabalho foi reduzida para 35 horas semanais. Entretanto, a medida se tornou bastante polêmica, pois os empregados continuaram trabalhando mais horas, porém recebendo por horas extras, aumentando o custo final para o empresariado. Realmente deve haver uma mudança cultural para que a jornada de trabalho seja reduzida e a produtividade aumente. Os funcionários têm que passar a valorizar o tempo livre e a melhora na qualidade de vida proporcionada por outras atividades no ambiente familiar e social. É necessária uma quebra de paradigmas. Porém, isso só é possível quando os salários dos trabalhadores são suficientes para suprir as suas necessidades básicas.

Na contramão dessas tendências, os mais ricos donos de empresas na China entendem que seus empregados têm de trabalhar mais. Jack Ma, fundador do site de e-commerce Alibaba considera suas longas horas de trabalho "uma grande bênção". Porém, debates contra o esquema de trabalho 996 (das 9 da manhã, às 9 da noite, 6 dias por semana), típico na China, começaram a tomar força no GitHub (comunidade para troca de códigos e ferramentas de software) em abril de 2019, após um dos usuários fazer menção de que o esquema 996 tem levado engenheiros à Unidade de Terapia Intensiva (UTI)[60]. Desde então, a postagem já foi curtida mais de 230 mil vezes, indicando o nível de interesse das pessoas. Seria hipocrisia, se nos chamados países desenvolvidos fossem estabelecidas as jornadas de trabalho reduzidas, em prol de uma sociedade mais saudável e sustentável, e esses países continuassem mantendo suas empresas nos países menos desenvolvidos, ou comprando produtos por eles produzidos, onde os custos de produção são muito mais baixos e as condições de trabalho muito piores.

Parece um paradoxo falar em 30 horas de jornada semanal, quando no mundo ainda são encontrados casos de situações análogas ao trabalho escravo, como os 12 funcionários que foram resgatados em uma obra próxima à capital paulista, em março de 2019[61]. Segundo o professor titular da Pontifícia Universidade Católica de Campinas, Silvio Beltramelli Neto, a escravidão sobreviveu e se reinventou a cada reestruturação do capitalismo, seja em ambientes urbanos ligados ao setor têxtil, por exemplo, ou em ambientes rurais ligados à agropecuária. As jornadas extenuantes muitas vezes se associam a condições de trabalho absolutamente degradantes, em instalações precárias, com altos riscos de incêndio ou desabamento, sem água potável, sem banheiros, sem fornecimento de alimentação, sem proteção contra intempéries e assim por diante[62]. Enquanto houver a cultura de maximização dos lucros a qualquer custo, por parte dos empregadores, dificilmente o bem-estar dos funcionários será levado em consideração.

30 horas semanais e a questão de equidade de gênero

Se com o modelo de 40 horas semanais é difícil conseguir um equilíbrio entre carreira e vida pessoal, principalmente para os casais que possuem filhos, não seria o modelo prevalente adotado na Alemanha, no qual um dos cônjuges trabalha em tempo integral e o outro parcial, uma solução? Como já foi apresentado, esse modelo traz consigo uma série de desvantagens para o cônjuge que trabalha em tempo parcial, ou não tem trabalho remunerado. Os empregos ofertados em tempo parcial são geralmente mais simples e não compatíveis com cargos de chefia, um problema para quem tem nível de formação elevado. A remuneração, em consequência, é bem mais baixa, assim como a contribuição previdenciária, o que tem levado a grandes diferenças na situação financeira de aposentados. A concentração da renda familiar em um dos cônjuges pode ser um problema também em caso de morte e de separação, causando de certa forma uma dependência financeira do cônjuge desprivilegiado. Como em geral são as mulheres que passam a trabalhar em tempo parcial após a chegada dos filhos, isso tem gerado uma grande lacuna de oportunidades entre gêneros nos países que adotam esse modelo.

Não seria mais justo, então, que ambos os cônjuges trabalhassem 30 horas e tivessem as mesmas oportunidades? Em 2018, a média de horas trabalhadas por semana na Alemanha era de 34,9[63], abaixo da média da União Europeia, que era de 36,4. Entretanto, como já foi apresentado anteriormente, os homens trabalham muito mais horas remuneradas do que as mulheres. É importante observar que a média de horas trabalhadas não está muito longe das 30 horas propostas. Considerando que é possível haver um aumento da produtividade com a redução da jornada de 40 para 30 horas, a adoção do modelo de 30 horas para todos poderia inclusive incrementar a produção final. Adicionalmente, a reinserção das mulheres no mercado de trabalho poderia ser estimulada por condições de competitividade mais justas, o que poderia ser um impulso para o crescimento da economia alemã, que sofre com a escassez de mão de obra qualificada[64].

Assim como na Alemanha, é comum nos países nórdicos um dos cônjuges passar a trabalhar em tempo parcial após o nascimento dos filhos. Apesar desses países se apresentarem como os que possuem os melhores índices gerais de equidade de gênero (de acordo com o Fórum Econômico Mundial de 2020, Islândia com 87,7%, seguida pela Noruega com 84,2%, Finlândia com 83,2% e Suécia com 82%), Nima Sanandaji menciona em seu livro[65] os pontos falhos do modelo por eles adotado. Os países nórdicos têm alta taxa de empregabilidade entre as mulheres, grande oferta de creches subsidiadas e uma cultura em que os homens assumem uma parte grande da responsabilidade de criar os seus filhos. Com outras políticas de empoderamento feminino, as mulheres conseguiram alcançar sucesso no setor público, na política e nos conselhos de administração. Paradoxalmente, porém, os países nórdicos têm poucas mulheres entre diretores e chefes executivos de empresas privadas, bem como entre donos de empresas. O monopólio do setor público em áreas tipicamente dominadas por mulheres, como Saúde e Educação, reduz substancialmente as oportunidades de empreendimento próprio. Acima de tudo, as generosas licenças-maternidade encorajam as mulheres a ficarem em casa, além dos altos impostos que dificultam a terceirização dos serviços domésticos. Os empregos em tempo parcial, mais predominantes entre as mulheres, também se apresentam como uma barreira para a ascensão profissional. O autor cita ainda que a contratação de serviços que aliviam o serviço doméstico é crucial para a perspectiva de carreira das mulheres. Porém, os altos custos e impostos os tornam muitas vezes inacessíveis.

Eu tenho certeza de que o Índice Geral de Equidade de Gênero, calculado pelo Fórum Econômico Mundial não seria o mesmo se fossem levantadas as diferenças entre pais e mães, e não apenas entre homens e mulheres.

Além das condições financeiras e econômicas, os fatores culturais e sociais se apresentam como um aspecto muito importante na busca da equidade de gênero. No Brasil, bem como nos países ocidentais, a maioria das mulheres tem a princípio a liberdade de escolha entre os seus interesses como mulher e profissional e o seu desejo de ser mãe. Há uma diversidade grande de estruturas familiares e não existe mais o preconceito como ocorria há décadas com aqueles que optam por não ter filhos. Porém, a dificuldade de conciliar carreira, ambições pessoais e maternidade, quando assim é desejado, tem levado alguns países a apresentarem taxas preocupantes de fecundidade. Existe até um livro da autora francesa, e mãe de duas filhas, Corinne Maier, com 40 bons motivos para não se ter filhos[66]. Taxas muito baixas de fecundidade ameaçam o sistema previdenciário, a capacidade de produção e a própria sobrevivência das nações. Políticas públicas são necessárias para amparar famílias que desejam ter filhos, como por exemplo, licença parental remunerada, incentivos fiscais e creches disponíveis e com preços acessíveis.

A feminista francesa, filósofa e autora de bestsellers, Elisabeth Badinter, cita em seu livro Der Konflikt: die Frau und die Mutter (O conflito: a mulher e a mãe, na versão em português) que as políticas públicas devem vir ao encontro dos anseios das mulheres. Ela expõe o exemplo da Áustria que tem uma das porcentagens mais altas do Produto Interno Bruto (PIB), dentre os países da Europa, destinada a políticas voltadas para o apoio às famílias. Porém, a falta de vagas em creches públicas ou privadas favorece a baixa taxa de fecundidade, uma das menores da Europa. A autora afirma ainda que, até mais determinante do que políticas públicas, a decisão de ter um filho é pautada pelo modelo de "boa mãe" estabelecido pela sociedade. Sociedades que exigem abdicação da vida profissional da mulher para dedicação exclusiva à prole têm apresentado taxas mais baixas de fecundidade do que as sociedades que têm um modelo menos rigoroso de mãe ideal. As duras condições e a alta competitividade no mercado de trabalho colidem vigorosamente com o modelo de mãe ideal. No prefácio da edição alemã do seu livro, Badinter faz uma comparação entre o papel que as mulheres ocupam na sociedade alemã e na francesa. Apesar de serem países vizinhos, na Alemanha a mulher tradicionalmente abandona suas ambições pessoais para assumir o seu papel de mãe, o que seria parte do seu instinto natural. Na França, desde o século 17 e principalmente no século 18, as mulheres deixavam os seus filhos recém-nascidos nos campos sob o cuidado de amas de leite, até os 2 ou 3 anos de idade, e voltavam para as cidades, para que pudessem continuar exercendo o seu papel de esposa e os seus trabalhos na sociedade. Essa cultura se reflete nos dias de hoje, sendo completamente aceitável que as crianças fiquem em creches desde os primeiros meses de idade e as mães continuem exercendo as suas profissões. Quando eu conversei com uma amiga francesa, que mora na Alemanha, ela relatou que, após o nascimento da sua filha, ela tirou 13 meses de licença-maternidade. Ela conta que na Alemanha ela foi vista como uma Rabenmutter e era questionada por não ter ficado pelo menos 3 anos com a filha. Na França, a poucos quilômetros de distância, do outro lado do Rio Reno como ela mesma conta, suas amigas e sobrinhas questionavam como ela se dispusera a ficar tanto tempo afastada do emprego. Como resultado dessa tradição cultural, Elisabeth Badinter aponta que, em comparação com os países da União Europeia, na França as mulheres mais frequentemente voltam a trabalhar em tempo integral depois do nascimento dos filhos, e possuem uma das maiores taxas de fecundidade. Em contrapartida, na Alemanha, as mulheres resistem em ter filhos e muitas decidem por não os ter. Entretanto, a autora aponta tendências em que mulheres na França, com um apelo naturalista, têm se voltado ao papel exclusivo de mãe, enquanto na Alemanha, com incentivos do Estado e criação de mais vagas em creches, mais mulheres têm retornado ao mercado de trabalho. Para mim está claro que uma situação de equilíbrio ainda não foi alcançada.

A lacuna de oportunidades entre gêneros, principalmente entre mães e pais, é verificada em diversos outros países. De acordo com os estudos da chefe do departamento de sociologia da Universidade de Massachusetts, nos Estados Unidos, Michelle Budig[67], com a chegada de um filho, os homens recebem o bônus e as mulheres o ônus. De acordo com a economista e pesquisadora do Insper, Professora Regina Madalozzo[68], no Brasil, há uma discriminação que faz parte do dia a dia de mulheres que tentam conciliar maternidade e trabalho remunerado e explica, em parte, porque o desemprego é estruturalmente mais alto entre as mulheres com filhos. Essa discriminação atinge mulheres de todas as classes sociais, mas é mais dramática, contudo, entre as mães de baixa renda, que não têm a opção de contratar uma babá ou, como define a economista, de terceirizar os cuidados e o trabalho doméstico ao setor privado[69]. Políticas públicas em prol do fornecimento de vagas em creches públicas ou a um custo reduzido são fundamentais para a (re)inserção das mulheres no mercado de trabalho.

Algo que para mim é crucial na busca de equidade de gêneros no mercado de trabalho é a divisão da licença-maternidade/paternidade entre os dois cônjuges. Na Suécia, de um total de 480 dias de licença parental, pelo menos 90 dias são reservados para o pai (ou mãe, no caso de uma inversão do maior beneficiário). Caso o pai (ou mãe) não queira usufruir desse benefício de 90 dias, ele não pode ser transferido à outra parte[70].

A Espanha em 2019 ampliou a licença-paternidade de 2 para 8 semanas e pretende que até 2021 ela seja igualada à das mulheres, que é de 16 semanas, sendo esta remunerada e intransferível[71]. Essa mudança é fundamental para que o trabalho de criação dos filhos seja valorizado pelos homens. Além disso, o pai passa a ter um relacionamento mais estreito com os filhos, e mesmo depois de acabar a licença-paternidade, ele tenderá a participar mais dos serviços domésticos. Entretanto, a dificuldade em se criar os filhos e o medo de perder competitividade no mercado de trabalho têm assustado os espanhóis. Após a ampliação do tempo de licença-paternidade, os pais que usufruíram desse benefício estão menos dispostos a aumentar a prole[72].

Com o objetivo de diminuir a lacuna de oportunidades entre homens e mulheres na Alemanha, a socióloga Jutta Allmendinger, Professora da Humboldt-Universität e da Freien Universität de Berlim e presidente do Centro de Estudos em Pesquisas Sociais de Berlim (Wissenschaftszentrums Berlin für Sozialforschung – WZB), já em 2017[73] defendia uma jornada de trabalho de 32 horas para homens e mulheres, além de uma licença-paternidade de 4 meses, obrigatória. Ela afirmou que o sistema de impostos deveria ser revisto, devendo ser levado em consideração a prole, e não a união conjugal, e propôs ainda a extinção dos mini-jobs. Jutta afirma ainda que o trabalho remunerado é um espaço para o autodesenvolvimento, autorrealização e intercâmbio social, e as mulheres hoje estão exigindo muito mais essa diversidade. De acordo com as suas pesquisas, 60% das pessoas teriam uma ocupação remunerada mesmo que não precisassem de dinheiro. Dentre as mulheres, essa porcentagem sobe para quase 70%. Somos seres sociáveis em busca de reconhecimento.

As lentas mudanças em prol da equidade de gênero podem ter como uma das causas a baixa representatividade de mulheres no setor político (o setor com a maior disparidade, em média 75%, de acordo com o relatório do Fórum Econômico Mundial de 2020). Em 2019, na Alemanha, 30,9% dos cargos no parlamento eram ocupados por mulheres, enquanto no Brasil, a participação feminina era de apenas 15,0%. Na Arábia Saudita, antes de 2015 as mulheres sequer tinham o direito de votar, e até 2013, as mulheres não tinham nem o direito de andar de bicicleta![IV] Há falta de empatia por parte dos legisladores. Infelizmente, pude observar que as causas femininas não são apoiadas, frequentemente, pelas próprias mulheres. É como se algumas daquelas que tiveram que abrir mão de algo em suas vidas, não quisessem facilitar a situação

---

[IV] Dica de um belíssimo e premiado filme: Wadjda (2012), do diretor Haifaa al-Mansour.

das demais.

Devemos ser mais críticos e não apenas tentar nos enquadrar num modelo preestabelecido, buscando a aprovação da sociedade. Devemos lutar pelo que consideramos o mais correto. Após o Fórum Econômico Mundial de 2019, para se promover o crescimento econômico do Japão, por exemplo, foi estabelecida como uma das reformas prioritárias[74] a promoção da participação das mulheres no mercado de trabalho. Não acredito que os responsáveis por tais reformas estejam preocupados com a satisfação pessoal das mulheres, pelo contrário. Apesar de a participação das mulheres no mercado de trabalho japonês ter aumentado nos últimos anos, por fatores culturais, elas continuam assumindo a grande parte dos trabalhos domésticos e cuidado com os filhos. O Japão possui a menor participação dos homens das tarefas domésticas dentre todas as nações mais ricas[75].

De acordo com um artigo apresentado pelo Fundo Monetário Internacional (FMI) na assembleia anual realizada em outubro de 2019 em Washington, o Produto Interno Bruto (PIB) global cresceria ao menos 4% se o trabalho não remunerado fosse melhor distribuído entre homens e mulheres[76]. O artigo afirma que o trabalho não remunerado é uma parte substancial da atividade econômica que não se reflete no PIB e pesa desproporcionalmente sobre as mulheres, gerando menor participação feminina no mercado de trabalho e uma diminuição geral da produtividade.

Nós, mulheres, queremos ter as nossas carreiras, o nosso reconhecimento profissional. Mas também não queremos deixar os nossos filhos, nossa família, nossa vida pessoal ou nossa saúde à deriva. Queremos, sim, "ter tudo". E isso será possível com a participação mais igualitária dos homens nas tarefas domésticas, com ofertas de creches a um custo acessível, e um mercado de trabalho em que seja possível conciliar carreira e vida pessoal.

Por que lutar pela proposta de 30 horas semanais?

Retomando o que foi exposto neste livro até agora, os possíveis benefícios da adoção do modelo de jornada de trabalho de 30 horas semanais para homens e mulheres, sem redução de salários, podem ser assim sintetizados:

- as pessoas disporiam de um melhor equilíbrio entre vida pessoal e profissional. Teriam tempo para praticar um hobby ou um esporte, fazer um curso, ter uma alimentação mais saudável;
- os casos de sobrepeso, diabetes, pressão alta, gastrite, úlcera, síndrome do pânico e depressão poderiam ser reduzidos;
- a possibilidade de termos um modelo mais adequado ao atual desenvolvimento tecnológico e às vertiginosas mudanças na dinâmica urbana e social ocorridas nos últimos 100 anos, desde que foi difundida a carga de trabalho semanal de 40 horas;
- redução dos casos de esgotamento e estresse provocados pelo crescente uso de tecnologias de informação, que requerem maior velocidade de trabalho, em um número maior de tarefas simultâneas, e com superexposição à informação;
- possibilidade de promover o aumento da produtividade, por meio da otimização do tempo e dos processos;
- trabalhos intelectuais e de criatividade seriam sobretudo beneficiados pela redução da carga de trabalho, como já verificado em alguns casos de sucesso;
- os pais teriam mais tempo de convívio com os seus filhos, proporcionando-lhes maior estabilidade emocional, reduzindo distúrbios psicológicos e construindo pontes de intimidade e vínculos afetivos com as crianças;
- o estreitamento desses vínculos propiciaria melhor formação ética e moral das crianças;

- redução do sentimento de culpa decorrente da pouca participação na vida dos filhos e consequentemente, redução das recompensas e concessões que acabam reforçando a cultura consumista e materialista das famílias;
- ao desfrutar de tempo de qualidade com sua prole, os pais poderiam preencher a necessidade fundamental de seus filhos de serem desejados, proporcionando-lhes o aumento da autoestima;
- taxas de suicídio, anorexia, instabilidade emocional, dependência química, síndrome do pânico, entre crianças e adolescentes poderiam ser reduzidas;
- ambos os cônjuges teriam a oportunidade de participar mais da criação dos filhos e das tarefas domésticas, permitindo a maior compreensão e consequente valorização dessas atividades;
- os pais teriam mais tempo para poder incluir as crianças nas tarefas domésticas e acompanhá-las em situações cotidianas de convívio social, passando-lhes valores e proporcionando-lhes uma formação comunitária mais completa;
- tendo mais tempo livre, os homens poderiam participar das atividades domésticas e do cuidado com os filhos, reduzindo, assim, a carga de trabalho não remunerada que, historicamente, incide mais sobre as mulheres;
- crescimento do Produto Interno Bruto (PIB) global, em pelo menos 4%, decorrente de uma melhor distribuição do trabalho não remunerado entre homens e mulheres. Sabe-se que trabalho não remunerado, uma parte substancial da atividade econômica que não se reflete no PIB, pesa desproporcionalmente sobre as mulheres, o que gera menor participação feminina no mercado de trabalho e uma diminuição geral da produtividade;
- mais mulheres seriam incentivadas a entrar no mercado de trabalho, podendo inclusive suprir a demanda por mão de

obra qualificada;

- a maior participação de ambos os pais na educação dos filhos poderia contribuir muito para a formação das crianças e para a própria felicidade e satisfação dos pais;
- as pessoas teriam mais tempo para poder cuidar de pais idosos ou parentes debilitados;
- as famílias dependeriam menos de cuidadores terceirizados ou serviços de creche, reduzindo-se os custos;
- haveria uma competitividade mais justa no mercado de trabalho entre homens e mulheres que optaram por ter filhos;
- haveria, portanto, uma redução na lacuna de oportunidades entre gêneros, tanto na participação no mercado de trabalho, quanto na competitividade;
- a diferença de contribuição para a previdência entre homens e mulheres poderia ser reduzida, abrandando a atual situação econômica desvantajosa das mulheres aposentadas;
- a renda familiar não ficaria concentrada em apenas uma pessoa, dando maior segurança econômica para cada um dos cônjuges, principalmente nos casos de separação ou viuvez;
- poder-se-ia promover um aumento da taxa de fecundidade entre as mulheres com nível de educação mais elevado, não tendo estas que fazer uma escolha entre uma carreira proeminente e filhos, reduzindo com isso os conflitos femininos;
- as famílias de poder aquisitivo mais baixo, as quais não conseguem terceirizar os serviços domésticos ou pagar creches particulares para os filhos, seriam vigorosamente beneficiadas;
- as falhas nos serviços poderiam ser reduzidas, o que implicaria em uma redução de custos de remediação, de processos contra os estabelecimentos, ou até mesmo, a prevenção de sequelas irreversíveis ou perdas de vida;
- com a redução de falhas e aumento da saúde dos

trabalhadores, haveria redução de custos de médio e longo prazo, diretos ou indiretos;

– empresas conseguiriam atrair novos talentos, principalmente os Millennials, que são os jovens nascidos entre o começo dos anos 1980 e final dos anos 1990, e que tendem a valorizar mais o tempo livre do que o dinheiro.

Desafios para implantação da proposta de 30 horas

Uma quebra de paradigma não é fácil e vem acompanhada de muitos desafios, sendo alguns sintetizados a seguir:

– resistência natural a mudanças;
– as pessoas teriam que aceitar o desafio de aumentar a sua produtividade; elas precisariam se tornar mais eficientes e reduzir o tempo gasto com mídias sociais ou outras distrações durante o expediente;
– possível sensação de sobrecarga inicial de trabalho, mas que poderia ser reduzida com a otimização do tempo;
– possível necessidade de contratação de mais funcionários para cobrir um horário de atendimento estendido, aumentando pelo lado dos empregadores os custos e esforços administrativos e de planejamento, bem como de treinamento e aperfeiçoamento;
– para que a redução da jornada de trabalho em algumas atividades seja possível, o Estado precisaria intervir, ajustando os encargos fiscais e tributários, inclusive os pagos pelos empregadores;
– existe uma dificuldade de mensurar os benefícios de médio e longo prazo, bem como os indiretos;
– enquanto houver a cultura de maximização dos lucros a qualquer custo por parte dos empregadores, os benefícios decorrentes do aumento do bem-estar dos empregados não será levado em conta;

– a acirrada competição global se contrapõe à redução da jornada de trabalho. Pois, enquanto houver locais onde funcionários sejam explorados em jornadas de trabalho extenuantes, com baixos salários e em condições precárias de salubridade, a produção será direcionada para lá.

É realmente muito complicado adotar um modelo único para todos os países, pois estão envolvidas questões culturais, sociais, políticas e econômicas. Porém, um direcionamento para uma situação com melhor equilíbrio deve ser buscado e a proposta de 30 horas parece ser a que atende vários requisitos necessários.

Essa mudança não irá resolver todos os problemas de discriminação, injustiças e iniquidades de diversos tipos, mas vai trazer uma nova revolução para a busca de equidade de gênero. Acredito que esse modelo seja economicamente sustentável e socialmente mais justo e saudável, uma vez que promove melhor equilíbrio entre vida pessoal e profissional, para homens e mulheres.

Agradecimentos

Primeiramente, gostaria de agradecer aos meus filhos, por abrirem meus olhos para dimensões em minha vida que, até antes de suas existências, eram intangíveis. Agradeço por terem acreditado no meu sonho e, como bons leitores, por contarem com orgulho para os seus colegas que a mãe se tornou escritora.

Agradeço ao meu esposo por acreditar em meu potencial e em minhas convicções, e pelo apoio necessário para a realização deste livro. Agradeço, também, por estar sempre disposto a dividir todas as tarefas e por se desdobrar para ser um pai presente na vida dos nossos filhos.

Agradeço à minha mãe, fonte inspiradora de luta e garra. Eu sou grata por toda a sua dedicação e zelo. Apesar das dificuldades enfrentadas em sua vida, ela soube conduzir suas filhas para os caminhos da educação e do conhecimento.

Não posso deixar de agradecer à Marianne, Alanis, Floristela, Walter, Christiane, Akemi, Carla e Patrícia pelas preciosas sugestões. Suas contribuições foram muito valiosas para o aprimoramento deste trabalho.

À Chris, pelas nossas caminhadas regadas a muitas trocas de ideias. Com sua longa vivência na Alemanha, ela pôde me esclarecer muitas dúvidas e compartilhar muitas histórias.

Ao meu amigo Paulo Ivo, que me ajudou a superar minha profunda tristeza ao abrir mão do cargo de professora, encorajando-me, ainda, a seguir um caminho de satisfação e felicidade.

A todas as minhas amigas e amigos, cuja convivência contribuiu para a construção da pessoa que me tornei.

Fontes e Referências Bibliográficas

1 The Global Gender Gap Report 2018. World Economic Forum. Disponível em: < https://www.weforum.org/reports/the-global-gender-gap-report-2018>. Acesso em: 09/05/2019.

2 The Global Gender Gap Report 2020. World Economic Forum. Disponível em: < https://www.weforum.org/reports/global-gender-gap-report-2020 >. Acesso em: 31/01/2020.

3 Badinter, E. Der Konflikt: die Frau und die Mutter. Verlag C.H.Beck oHG, München, 2010.

4 Salário Doméstica SP 2019 – Novo valor está em vigor. Idoméstica. Disponível em: <http://blog.idomestica.com/3067/salario-domestica-sp-2019-novo-valor-esta-em-vigor/#.XRCKKlUvBhE>. Acesso em: 24/06/2019.

5 Piso Salarial. SEESP - Sindicato dos Engenheiros no Estado de São Paulo. Disponível em: <https://www.seesp.org.br/site/index.php/juridico/piso-salarial>. Acesso em: 24/06/2019.

6 Wie viel verdienen Elektroingenieure? Ingenieur.de. Disponível em: <https://www.ingenieur.de/karriere/gehalt/wie-viel-verdienen-elektroingenieure/>. Acesso em: 24/06/2019.

7 Shortall, Jessica. The US needs paid family leave - for the sake of its future. TEDxSMU. Disponível em: <https://www.ted.com/talks/jessica_shortall_how_america_fails_new_parents_and_their_babies#t-343732>, Acesso em: 24/06/2019.

8 Decreto fixa salário mínimo de R$ 998 em 2019. Gov.br. Disponível em: <http://www.brasil.gov.br/noticias/emprego-e-previdencia/2019/01/decreto-fixa-salario-minimo-de-r-998-em-2019>. Acesso em: 24/06/2019.

9 Mahler, M., Pine, F.; Bergman, A. O nascimento psicológico da criança. Rio de Janeiro: Zahar Editores, 1977. (Original publicado em 1975).

10 Gerdeman, Dina. Kids of Working Moms Grow into Happy Adults. Harvard Business School – Working Knowledge. Disponível em: <https://hbswk.hbs.edu/item/kids-of-working-moms-grow-into-

happy-adults>. Acesso em: 26/06/2019.

[11] Neto, João. Mulheres dedicam quase o dobro do tempo dos homens em tarefas domésticas. Agência IBGE Notícias. Disponível em: <https://agenciadenoticias.ibge.gov.br/agencia-noticias/2012-agencia-de-noticias/noticias/24267-mulheres-dedicam-quase-o-dobro-do-tempo-dos-homens-em-tarefas-domesticas>. Acesso em: 28/06/2019.

[12] Slaughter, A.M. Unfinished Business: women, men, work, family. England: Oneworld, 2015.

[13] Cortella, M. S.; Mandelli, P. Vida e carreira: um equilíbrio possível? Papirus Editora, 7 Mares, 2011.

[14] Obama, Michelle. Becoming. Crown Publishing Group, New York, 2018.

[15] Manual de Orientação. Departamento de Adolescência. Sociedade Brasileira de Pediatria, 2016. Disponível em: < https://www.sbp.com.br/fileadmin/user_upload/2016/11/19166d-MOrient-Saude-Crian-e-Adolesc.pdf>. Acesso em: 18/07/2019.

[16] Internet gemeinsam entdecken. LPR Hessen, 2018. Disponível em: <http://www.lpr-hessen.de/fileadmin/Presse/Downloads-Presse/2018/Internet-ABC-Elternbroschuere-Hessen.pdf>.   Acesso em: 10/07/2019.

[17] Richins M. L., Chaplin L. N. Material Parenting: How the Use of Goods in Parenting Fosters Materialism in the Next Generation, Journal of Consumer Research, Volume 41, Issue 6, Pages 1333–1357, 2015. Disponível em: <https://doi.org/10.1086/680087>.

[18] Cury, A. 20 regras de ouro para educar filhos e alunos: como formar mentes brilhantes na era da ansiedade. 1. Ed. São Paulo: Planeta, 2017.

[19] Dra. Filó faz palestra Colégio Santo Antônio 2018. Colégio Santo Antônio   -   You   Tube.   Disponível   em: <https://www.youtube.com/watch?v=snwZibZXrOE>. Acesso em: 09/08/2019.

[20] Capelatto, Ivan. Adolescentes: ontem, hoje e amanhã. Café Filosófico CPFL   –   You   Tube.   Disponível   em: <https://www.youtube.com/watch?v=bX6pqBvLjTs>. Acesso em: 09/08/2019.

[21] Beer, Isabell. Josh wuchs behütet auf. Zeit Online. Disponível em: <https://www.zeit.de/2019/06/drogen-abhaengigkeit-konsum-beschaffung-facebook#comments>. Acesso em: 14/08/2019.

[22] Unterberg, Swantje. Zahl der Privatschulen steigt weiter. Spiegel Panorama. Disponível em: <https://www.spiegel.de/lebenundlernen/schule/privatschueler-zahl-der-privatschulen-steigt-weiter-a-1246918.html>. Acesso em: 06/08/2019.

[23] Mosé, Viviane. O contemporâneo e a educação. Café Filosófico CPFL – You Tube. Disponível em: <https://www.youtube.com/watch?v=hyVBULSDimI&t=1966s>. Acesso em: 28/11/2019.

[24] Au-Pair Deutschland. Au-pair.com. Disponível em: <https://www.au-pair.com/au-pair-deutschland/>. Acesso em: 13/11/2019.

[25] Aufsichtspflicht: Kinder allein lassen – was ist wann erlaubt? www.familienhandbuch.de. Disponível em: <https://www.familienhandbuch.de/familie-leben/recht/ehe-familie/Kinderalleinlassen.php?fbclid=IwAR2lm7HsnaCTKSTY-ICE8gKeA8wk8OgiqRes4SoXjfE6cFLD5rxBKFyBSEw>. Acessado e m 07/08/2019.

[26] Statistisches Jahrbuch: Deutschland und Internationales. Statistisches Bundesamt (Destatis), 2018.

[27] Noack, Sascha-Sven. Wissenschaftliche Karriere und Kinder. Forschung & Lehre. Disponível em: <https://www.forschung-und-lehre.de/karriere/wissenschaftliche-karriere-und-kinder-347/>. Acesso em: 29/08/2019.

[28] Professorinnen bei W-Besoldung im Nachteil. Forschung & Lehre. Disponível em: <https://www.forschung-und-lehre.de/professorinnen-bei-w-besoldung-im-nachteil-1255/>. Acesso em: 29/08/2019.

[29] Síntese de indicadores sociais : uma análise das condições de vida da população brasileira : 2015 / IBGE, Coordenação de População e Indicadores Sociais. - Rio de Janeiro : IBGE, 2015. Disponível em: < https://biblioteca.ibge.gov.br/visualizacao/livros/liv95011.pdf>. Acesso em: 16/08/2019.

[30] Kinderlosenquoten nach beruflicher Stellung und Bildung nähern sich

an. Destatis. Disponível em: <https://www.destatis.de/DE/Presse/Pressemitteilungen/2018/03/PD18_075_126.html. Acesso em: 16/08/2019.

31 Siems, Dorothea. Der traurige Spitzenplatz deutscher Akademikerinnen. Welt. Disponível em: <https://www.welt.de/wirtschaft/article174301951/Weltfrauentag-Kinderlosigkeit-Akademikerinnen-immer-haeufiger-betroffen.html>. Acesso em: 16/08/2019.

32 Klein, Susanne. Studium lohnt sich für Männer mehr als für Frauen. Süddeutsche Zeitung. Disponível em: <https://www.sueddeutsche.de/karriere/oecd-bildung-frauen-gehalt-studium-1.4594794>. Acesso em: 11/09/2019.

33 Schumacher, Elizabeth. Suíças fazem greve contra desigualdade de gênero. Deutsche Welle. Disponível em: <https://www.dw.com/pt-br/su%C3%AD%C3%A7as-fazem-greve-contra-desigualdade-de-g%C3%AAnero/a-49200174>. Acesso em: 26/08/2019.

34 Hillauer, Rebecca. Wie Frauen mit Altersarmut umgehen. Deutschlandfunk. Disponível em: <https://www.deutschlandfunk.de/schwieriger-ruhestand-wie-frauen-mit-altersarmut-umgehen.1148.de.html?dram:article_id=443005>. Acesso em: 08/08/2019.

35 Douglas, Elliot. Alemãs aposentadas ganham um quarto a menos que os homens. Deutsche Welle. Disponível em: <https://www.dw.com/pt-br/alem%C3%A3s-aposentadas-ganham-um-quarto-a-menos-que-os-homens/a-50462700. Acesso em: 19/09/2019.

36 69% der Mütter und 6% der Väter sind in Teilzeit tätig. Destatis. Disponível em: <https://www.destatis.de/DE/Presse/Pressemitteilungen/2018/09/PD18_345_12211.html>. Acesso em: 15/08/2019.

37 Schlecht bezahlte Teilzeitjobs. Zeit Online. Disponível em: <https://www.zeit.de/karriere/2017-02/muetter-frauen-deutschland-arbeit-oecd>. Acesso em: 19/08/2019.

38 Verdienstunterschied zwischen Frauen und Männern 2018 unverändert bei 21 %. Destatis. Disponível em:

<https://www.destatis.de/DE/Presse/Pressemitteilungen/2019/03/PD19_098_621.html;jsessionid=EB052B501272468CC48EB2175A3A3A51.InternetLive1>. Acesso em: 15/08/2019.

[39] Berg-Beckhoff, G., Nielsen, G., & Ladekjær Larsen, E. (2017). Use of information communication technology and stress, burnout, and mental health in older, middle-aged, and younger workers - results from a systematic review. *International journal of occupational and environmental health,* 23(2), 160–171. doi:10.1080/10773525.2018.1436015

[40] Prior, Ryan. Burnout is an official medical diagnosis, World Health Organization says. CNN. Disponível em: <https://edition.cnn.com/2019/05/27/health/who-burnout-disease-trnd/index.html>. Acesso em: 20/08/2019.

[41] Haas, Michaela. Acht Gründe für die Vier-Tage-Woche. Süddeutsche Zeitung. Disponível em: <https://sz-magazin.sueddeutsche.de/die-loesung-fuer-alles/acht-gruende-fuer-die-vier-tage-woche-85798>. Acesso em: 30/08/2019.

[42] Flexible Arbeitszeitmodelle: Überblick und Umsetzung. Bundesanstalt für Arbeitsschutz und Arbeitsmedizin. Disponível em: <https://www.baua.de/DE/Angebote/Publikationen/Praxis/A49.pdf?__blob=publicationFile&v=9>. Acesso em: 27/08/2019.

[43] Kajitani, S.; McKenzie C.; Sakata, K. Use it too much and lose it? The effect of working hours on cognitive ability. Melbourne Institute Working Paper Series. Working Paper N. 7/16, 2016.

[44] Seifert, H. Kurze Arbeitszeit, hohe Produktivität. Böckler Impuls, 17, p. 6, 2007. Disponível em: <https://www.boeckler.de/pdf/impuls_2007_17_6.pdf>. Acesso em: 22/08/2019.

[45] Rheingans Digital Enabler. Disponível em: <https://digitalenabler.de/>. Acesso em: 09/10/2019.

[46] Aarstol, S. The five hour workday: live differently, unlock productivity and find happiness. Lioncrest Publishing. 2016.

[47] Rheingans, L. Die 5-Stunden Revolution: wer Erfolg will, muss Arbeit neu denken. Campus Verlag: Frankfurt/New York, 2019.

[48] Emagnetix: Online Marketing. Disponível em:

<https://www.emagnetix.at/>. Acesso em: 28/08/2019.

49 „Ich bin nicht auf der Welt, um nur zu arbeiten" – Pro 30-Stunden-Woche. Kununu. Disponível em: <https://news.kununu.com/ich-bin-nicht-auf-der-welt-um-nur-zu-arbeiten-pro-30-stunden-woche/>. Acesso em: 28/08/2019.

50 Hubble, R. Re-engineer your workday: create time for life. Balboa Press, 2017.

51 Efficiency up, turnover down: Sweden experiments with six-hour working day. The Guardian. Disponível em: <https://www.theguardian.com/world/2015/sep/17/efficiency-up-turnover-down-sweden-experiments-with-six-hour-working-day>. Acesso em: 30/08/2019.

52 Greenfield, Rebecca. How the six-hour workday actually saves organisations money. Independent. Disponível em: <https://www.independent.co.uk/news/business/news/six-hour-workday-saves-money-how-organisations-businesses-gothenburg-sweden-study-a7688276.html>. Acesso em: 30/08/2019.

53 Mental health: a quiet revolution? National Health Executive. Disponível em: <http://www.nationalhealthexecutive.com/Comment/mental-health-a-quiet-revolution->. Acesso em: 17/02/2020.

54 Flexible Arbeitszeitmodelle: Überblick und Umsetzung. Bundesanstalt für Arbeitsschutz und Arbeitsmedizin. Disponível em: <https://www.baua.de/DE/Angebote/Publikationen/Praxis/A49.pdf?__blob=publicationFile&v=9>. Acesso em: 27/08/2019.

55 Gehm, Florian. Nach der Generation Z verlieren auch Millennials die Lust am Arbeiten. Welt. Disponível em: <https://www.welt.de/wirtschaft/karriere/article194914883/Nach-Generation-Z-Nun-verlieren-auch-Millennials-Lust-am-Arbeiten.html>. Acesso em: 28/08/2019.

56 The Deloitte Global Millennial Survey 2019. Deloitte. Disponível em: <https://www2.deloitte.com/global/en/pages/about-deloitte/articles/millennialsurvey.html>. Acesso em: 28/08/2019.

57 Ware, B. The top five regrets of the dying: a life transformed by the dearly departing. *Hay House, Sydney, 2019.* Disponível em: <https://bronnieware.com/regrets-of-the-dying/>.

[58] Piangers, Marcos. Disponível em: <https://piangers.com/>. Acesso em: 25/09/2019.

[59] Piangers, M. O papai é pop. Belas Letras, Caxias do Sul, 2015.

[60] Os chineses estão fartos de serem obrigados a trabalhar 12 horas por dia. Estadão Link. Disponível em: <https://link.estadao.com.br/noticias/empresas,os-chineses-estao-fartos-de-serem-obrigados-a-trabalhar-12-horas-por-dia,70002817018>. Acesso em: 28/08/2019.

[61] Auditores resgatam 12 operários de condições análogas à escravidão em obras da Raposo Tavares. Estadão Economia. Disponível em: <https://economia.estadao.com.br/noticias/geral,auditores-resgatam-12-operarios-de-condicoes-analogas-a-escravidao-em-obras-da-raposo-tavares,70002766159>. Acesso em: 29/08/2019.

[62] Arantes, José Tadeu. Trabalho escravo perdura no mundo contemporâneo. Agência FAPESP. Disponível em: <http://agencia.fapesp.br/trabalho-escravo-perdura-no-mundo-contemporaneo/30528/>. Acesso em: 10/10/2019.

[63] Deutsche arbeiten kürzer als der EU-Durchschnitt. Zeit Online. Disponível em: <https://www.zeit.de/wirtschaft/2018-08/wochenarbeitszeit-deutschland-vergleich-europa-arbeitsministerium>. Acesso em: 29/08/2019.

[64] Ulrich, Klaus. Die endlose Diskussion um den Fachkräftemangel. Deutsche Welle. Disponível em: <https://www.dw.com/de/die-endlose-diskussion-um-den-fachkr%C3%A4ftemangel/a-48479097>. Acesso em: 10/10/2019.

[65] Sanandaji, N. The Nordic gender equality paradox: how Nordic welfare states are not only empowering women, but also (un)intentionally holding them back. Livonia Print, Latvia, 2016. Disponível em: <http://nordicparadox.se/>. Acesso em: 10/10/2019.

[66] Maier, C. No Kids: 40 good reasons not to have children. McClelland & Stewart, Toronto, 2008.

[67] Budig, Michelle J. The Fatherhood Bonus & the Motherhood Penalty. Third Way Next. Disponível em: <https://www.west-info.eu/children-boost-fathers-career-but-damage-mothers/next_-_fatherhood_motherhood/>. Acesso em: 26/08/2019.

---

[68] Madalozzo, Regina. Por que ter filhos prejudica mulheres e favorece pais no mercado de trabalho? Insper. Disponível em: <https://www.insper.edu.br/noticias/por-que-ter-filhos-prejudica-mulheres-e-favorece-pais-no-mercado-de-trabalho/>. Acesso em: 26/08/2019.

[69] Walker, Ian. Inside Brazil's hidden daycare economy. BBC. Disponível em: <https://www.bbc.com/worklife/article/20190306-inside-brazils-secret-daycare-economy>. Acesso em: 26/08/2019.

[70] 10 things that make Sweden family friendly. Sweden.se. Disponível em: <https://sweden.se/society/10-things-that-make-sweden-family-friendly/>. Acesso em: 28/08/2019.

[71] Paternity leave extended to eight weeks as of TODAY in Spain. Euro Weekly News. Disponível em: <https://www.euroweeklynews.com/2019/04/01/paternity-leave-extended-to-eight-weeks-as-of-today-in-spain/>. Acesso em: 28/08/2019.

[72] Men who receive paid paternity leave want fewer children, study finds. The Guardian. Disponível em: <https://www.theguardian.com/world/2019/may/20/paid-paternity-leave-study-spain-men-fewer-children>. Acesso em: 28/08/2019.

[73] Der Heiratsmarkt bezahlt Frauen besser als der Arbeitsmarkt. Zeit Magazin. Disponível em: <https://www.zeit.de/zeit-magazin/leben/2017-08/jutta-allmendinger-frauen-entscheidungen>. Acesso em: 08/09/2019.

[74] Japan Economic Snapshot. OECD. Disponível em: <http://www.oecd.org/economy/japan-economic-snapshot/>. Acesso em: 27/08/2019.

[75] Rich, Motoko. Japan's Working Mothers: Record Responsibilities, Little Help From Dads. The New York Times. Disponível em: <https://www.nytimes.com/2019/02/02/world/asia/japan-working-mothers.html>. Acesso em: 27/08/2019.

[76] Doncel, Luis. A importância de que os homens arrumem a cama. El País. Disponível em: <https://brasil.elpais.com/brasil/2019/10/16/economia/1571248806_575713.html>. Acesso em: 6/11/2019.